音声認識 で 学べる

英語発音学習帳

中條純子 著

ひつじ書房

はじめに

本書で発音練習をするみなさんへ

　本書は、英語を話す基礎になる「英語の発音」に焦点をあて、国際社会で通じるレベルの英語発音の習得を目指す学習帳です。

　本書では、みなさんがお持ちのスマートフォンやパーソナルコンピュータの Google 翻訳や Siri などの自動音声認識を活用して発音練習を行います。自動音声認識を活用すると、みなさんの今の英語の発音がどのくらい通じるのか、どれくらい上達したのかが瞬時に判定できます。そして、いつでも何度でも気軽に繰り返して練習できます。話し相手に自分の英語が通じているかどうか気兼ねする必要もありません。

　本書で扱う英語の音は、筆者による文献研究や調査から得た知見をベースに、日本語母語話者にとって特に大切な音素のみを優先的に精選して配列しました。また、発音の練習が単調で退屈にならないよう情意面においても工夫しています。楽しくリズムにのりながら効果的に練習できる活動をたくさん盛り込みました。特に、各章の目標音が集中的に配列されている早口言葉は、練習を重ねて言えるようになると達成感があるはずです。さらに、Coffee Break ではみなさんが英語の発音を楽しく練習できる方法や発音の影響で実際の会話がうまくいかなかったエピソードなどを紹介しています。どうぞお楽しみください。

　本書では、英語の発音に深く関わる 2 つの技術が身に付きます。

　実際のコミュニケーション場面で意思疎通がうまくいかなかったときに、

1. 自分で自分の英語発音を分析し、意思疎通を阻害する音を突き止める技術（セルフモニター力）

2. その音を自分で修正できる技術（セルフリペアー力）

です。

この 2 つの技術を身に付けるためには、その土台となる、

1. 英語の発音のしくみの基礎を知識として理解し身に付けること

2. 身に付けた知識を応用し、練習により発音できるようになること

が求められます。

　本書は、二次元コードからモデル動画と音声にアクセスできます。モデル動画を見て発音法を真似し、音声を何度も聞き、英語の音のイメージをデータとして蓄積しましょう。そして、最終的には意識しなくても 1 つ 1 つの音を安定して出せるように、実際に声に出して繰り返し練習しましょう。この練習をしておくと、近い将来もし英語の発音が通じなかったときに、自分でその間違えをモニターし、正確な発音方法で言い直し、その場を乗り切ることができます。

　本書での学びが、みなさんの英語コミュニケーション力向上に役立つことを心より期待しています。

2024 年 3 月　中條純子

目次

音声と動画のご利用方法

本書の音声と動画は以下の方法で再生していただけます。

◁)) 音声

[ダウンロード]

以下の URL からダウンロードしてご利用ください。

https://www.hituzi.co.jp/hituzibooks/ISBN978-4-8234-1228-8.htm

パスワード：12288

二次元コードから読み
取る場合はこちら ➡

[YouTube ポッドキャスト]

以下の URL からご利用ください。

https://youtube.com/playlist?list=PLYE1npd2dCHgeaqE9B2x6K0xVjk8Q1IXS

二次元コードから読み
取る場合はこちら ➡

▶ 動画

[YouTube ポッドキャスト]

以下の URL からご利用ください。
（本文に掲載している二次元コードからもご覧いただけます。）

https://youtube.com/playlist?list=PLYE1npd2dCHjzwnpV5HXM-4nMdXuQL4FN

二次元コードから読み
取る場合はこちら ➡

Day 0 本書の使い方

本書では、次の5つのステップで発音の向上を目指します。

Step 1 | Pre-self-check 練習前確認

　スマートフォンやパソコンの自動音声認識を使い、練習前の目標音の認識度合いを確認します。

Step 2 | Knowledge 発音方法理解

　練習する目標音の発音の方法（調音法）を知識として理解します。発音の方法がステップごとに示されています。発音のポイントを理解しましょう。

Step 3 | Articulation 実践練習

　Step2の発音のポイントをしっかりと押さえた上での実践練習の開始です。最初は日本語で使っていない口の動きをするため、慣れるまで違和感があるかと思います。モデル音声や動画、鏡やスマートフォンのカメラを使用して、発音の方法が正しいか確認しながら練習しましょう。

　発音練習には、練習している音がどんな音なのか聞く力も重要です。まず、発音しようとしている音のイメージを持ち、そのイメージに近づけようとすることも上達に欠かせません。そのため、このStep3では、目標音が単語や語句のどこに使われているか音に集中して聞くためのディクテーション（聞き取り）の活動もあります。目標音に意識を集中しながら単語や語句を書き取りましょう。

　最終的には、意識しなくても安定して目標音を発音できることを目指します。単調で退屈になりがちな発音練習ではありますが、リズムに合わせて楽しく練習できるような活動を使って何度も練習できるように早口言葉、単語や語句のビート読みなども用意しました。

| Step 4 | Performance | 自動音声認識演習 | |

　自動音声認識を使い「単語→語句→文」と目標音の含まれている表現を段階的に練習していきます。もし単語レベルでの目標音の認識率が低い場合は、Step2 の発音の方法理解に戻り、モデル動画を見直して再確認すると認識率が上がります。

| Step 5 | Post-self-check | 練習効果確認 | |

　自動音声認識を使い、練習の成果を確認します。確認する語は Step1 で確認した語と同じ語です。向上が見られていない箇所を見つけることができれば、集中して練習することでさらに通じやすい英語を身に付けるための道が開けます。該当する目標音の発音の方法（Step2）を確認してから再挑戦してみましょう。実際に始めてみると、認識されたことの嬉しさよりも、認識されなかった部分が気になって先に進めなくなるかもしれません。ですが、3、4 回挑戦してできない場合は飛ばしてどんどん次に進みましょう。目標音の置かれている音環境によって認識されないだけですので、あまり気にしすぎず、とりあえず、全体として 8 割程度認識されることを目指しましょう。

Coffee Break

　本書ではこの 5 つのステップによる発音練習に加え、Coffee Break というセクションを設けました。このセクションでは、実際の英語オーラルコミュニケーションの中で発音が理由で通じなかったエピソードや、ミニマルペア（Minimal Pairs（最小対立））やチャンツ（Chants）など、英語の発音練習の方法を紹介しています。

　復習問題や Coffee Break の練習問題の解答は巻末に用意しています。

自動音声認識活動の準備

　本書の活動では、スマートフォンやパソコンの**自動音声認識**を使用します。そして認識結果はワークシートに記録します。使用するデバイスに、音声を認識できる環境が必要です。マイクは外付け、内蔵、どちらでも大丈夫です。

デバイスの自動音声認識の準備（PC/Smartphone）

----

ex)　Google 翻訳　┆　G文

1　サーチエンジンで「**Google 翻訳**」と検索。

2　**英語**（**左のボックス**）→ **日本語**（**右のボックス**）に設定されているか確認。

3　**マイクのアイコンをクリック**。Hello と試しに発音。認識されているか確認。

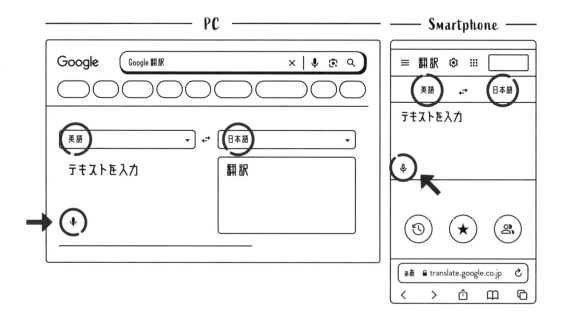

ex)　Siri　┆　◯

（重要!）音声機能を使用するデバイスの言語設定を**日本語から英語**に変更します。
［設定］→［Siri と検索］→［言語］英語（アメリカ合衆国）

　＊本書の発音モデルが、アメリカ英語母語話者のため、設定地域をアメリカ合衆国
　　としました。

自動音声認識ワークシートの記載法

デバイスを設定した状態で自動音声認識を用い、自動音声認識ワークシート上で指定された単語をそれぞれ3回読み上げ、認識結果を記録します。

ワークシートの用語

認識回数	❘	3回のうち認識された回数
認識初回	❘	3回のうち初認識された回数（何回目に初めて認識されたか）
誤認識語	❘	誤って認識された語
コメント	❘	確認した感想、結果を受けての感想

[英単語 "rabbit" を使って練習した場合のワークシートの記入例]

記入例1 〉　3回の練習の内、3回とも誤認識された例

発音単語

01

rabbit

○×	1回目	2回目	3回目	認識回数	認識初回
○×	×	×	×		
誤認識語	無反応	It	David	0 回	- 回目
コメント	全く通じない。Google先生が困ってる。				

記入例2 〉　3回の練習の内、3回目で認識された例

発音単語

01

rabbit

○×	1回目	2回目	3回目	認識回数	認識初回
○×	×	×	○		
誤認識語	love it	Labit	-	1 回	3 回目
コメント	rの音がポイントのようだ。アルバニア語?! 発音方法を確認してやり直したらできた！				

　　　3 回の練習の内、3 回とも認識された例

発音単語		1回目	2回目	3回目	認識回数	認識初回
01 rabbit	○×	○	○	○		
	誤認識語	-	-	-	3 回	1 回目
	コメント	パーフェクト！練習の成果！通じ合えた！				

Try! 　自分のデバイスの自動音声認識を用い、実際に英単語 rabbit で試してみましょう。

1回目
rabbit
読み上げ
⇊
記録をとる

2回目
rabbit
読み上げ
⇊
記録をとる

3回目
rabbit
読み上げ
⇊
記録をとる

認識回数
認識初回
コメント記入

発音単語		1回目	2回目	3回目	認識回数	認識初回
01 rabbit	○×					
	誤認識語				回	回目
	コメント					

自動音声認識をオンにしてから話しかけるまでの間の取り方など、何度か試しているうちに、タイミングがあってきて、よりスムーズに活動できるようになります。

Siri を用いると、歌のタイトルや店名などとして認識されることがあります。歌が流れたり、説明が始まる場合もあります。これも発音が認識され、コミュニケーションが取れている（認識されている）ということですので「○」と記録します。

オカメインコのハッピーです。
これからボクと一緒に楽しく発音練習
を行いましょう。
練習のコツやポイントも紹介するね。
最初はデバイス相手に話すのが気恥ず
かしいけどすぐに慣れるはず！
がんばるぞ〜！
Let's have fun together!

練習前に確認・記録しよう

英語の発音についての今の気持ちや練習前の英語の発音を記録しましょう。

1. 心理編

次の 1 ～ 15 のチェック項目を読み、3 段階でセルフチェックし、○をつけましょう。

Self-check sheet　　　月　　日	当てはまらない	どちらともいえない	その通り
01　英語をあまり声に出して発したことがない	☐	☐	☐
02　英語でコミュニケーションをとったことがほとんどない	☐	☐	☐
03　英文法のように段階を追って発音を学習した経験がない	☐	☐	☐
04　自分の発音が実際に通じるのかどうかを確かめたことがない	☐	☐	☐
05　自分の発する英語に「相手が困っているぞ」、「自分の英語が通じてないな」と感じたことがある	☐	☐	☐
06　英文法や語彙に比べ、英語の発音には自信がない	☐	☐	☐
07　英語を人前で声に出して発するのに勇気がいる	☐	☐	☐
08　自分の英語の発音が通じるか不安	☐	☐	☐
09　英語で話すとき日本語より声が弱く小さくなる	☐	☐	☐
10　自分の英語の発音に自信がない	☐	☐	☐
11　英語の発音の練習の仕方が分からない	☐	☐	☐
12　自動音声認識を使用して英語の発音を確認・練習したことがない	☐	☐	☐

13	英語の発音を練習すると英語が通じやすくなる			
14	英語の発音の練習に興味がある			
15	通じる英語の発音を身に付けたい			
	○の数 合計			

「**その通り**」の○の数が多いほど、この学習帳で練習したときの効果がよく表れます。楽しみながら英語を発することに慣れ、自信をもって英語で発話できるように一緒に練習していきましょう。

2. 実践編 (1)

録音 （事前）

練習前の発音と発音時の口の動きを、スマートフォンなどの録音と録画の機能を使用して記録します。3 種類のスクリプトを読み上げます。自分の発音を録音・録画することに気恥ずかしさがあるかもしれませんが、すぐ慣れます。ちょっと勇気を出してやってみましょう。録音・録画したファイルは保存しておきましょう。

録音・録画 1 　1 秒間隔で、ゆっくり読み上げましょう。

	1 sec			
sha	za	fa	va	tha (this の th)
la	tha (thanks の th)	fa	va	za
wa	la	sa	ra	tha (thanks の th)
sa	sha	ra	wa	tha (this の th)

1つの英単語を続けて2回ずつ、1秒間隔で読み上げましょう。

1 sec

right ×2
（右）

locker
（ロッカー）

first
（第一の）

vanilla
（バニラ）

think
（思う）

thirteen
（13）

they
（彼ら）

sit
（座る）

cut
（切る）

ash
（灰）

rabbit
（うさぎ）

theater
（劇場）

white
（白）

fruit
（果物）

real
（本物の）

surfing
（波乗り）

dog
（犬）

hot dog
（ホットドック）

girl
（女の子）

power
（力）

weather
（天気）

battery
（電池）

volunteer
（ボランティア）

city
（街）

world
（世界）

録音・録画3 最後は、パッセージ（文のまとまり）の読み上げです。
ゆっくり読み上げてみましょう。

I like traveling and communicating in English, but sometimes I notice that people do not understand my pronunciation. Last year, I went to the United States. On the airplane, a flight attendant asked me what beverage I would like after the meal. I said, "Coffee, please." What I received was a coke! Then, after I ordered vanilla ice cream at a shop, I was asked three times, "Which one?" "What? Banana?" So, I decided to practice my pronunciation.

This textbook is fun and I can check my pronunciation using a smart-phone. Let's see... "Play and pray?" "Fly and fry?" Oh, there is a section with tongue twisters! What's that!? "She sells seashells down by the seashore." "Can you can a can as a canner can can a can?"

Once I finish this book, I would like to be able to say confidently, "Now I can do it!" This is my goal.

（訳）

　私は旅行や英語でのコミュニケーションをとるのが好きなのですが、時々人が私の発音を理解していないことに気づきます。去年、私はアメリカに行きました。飛行機の中で、客室乗務員の方が、食後、何の飲み物が欲しいかと尋ねました。私は「コーヒーをお願いします」と言いました。受け取ったのはコーラでした！その後、お店でバニラアイスを注文したところ3回聞き返されました。「どれ？」「何？ バナナ？」そこで、私は発音の練習することにしました。

　この本は楽しくスマートフォンで発音を確認できます。なになに「遊ぶと祈る？」「飛ぶと揚げる？」おおっ、早口言葉のセクションがある！ これは何だ！？「彼女は海岸のそばで貝殻を売っています。」「あなたは、缶詰業者が缶を缶詰にするように缶を缶詰にすることができますか？」

　この本を終えたら、自信を持って「もう、私はできるよ！」と言えるようになりたいと思います。これが私の目標です。

3．実践編（2）

次ページの10単語の発音を自動音声認識を使用し確認します。5ページの「自動音声認識ワークシートの記載法」を参照し、練習前の状態を記録します。

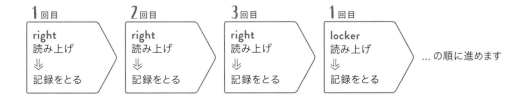

このセクションでは、日本語が母語である人にとって通じにくい音素を含む単語のみを集めています。通じる部分と通じない部分を見極めることがこの活動の目的です。練習前ですので認識されなくても心配はいりません。

A. 次の 10 単語の発音を自動音声認識を使用し記録します。

発音単語		1回目	2回目	3回目	認識回数	認識初回
01 **right**	○ ×				□ 回	□ 回目
	誤認識語					
	コメント					
02 **locker**	○ ×				□ 回	□ 回目
	誤認識語					
	コメント					
03 **first**	○ ×				□ 回	□ 回目
	誤認識語					
	コメント					
04 **vanilla**	○ ×				□ 回	□ 回目
	誤認識語					
	コメント					
05 **think**	○ ×				□ 回	□ 回目
	誤認識語					
	コメント					
06 **thirteen**	○ ×				□ 回	□ 回目
	誤認識語					
	コメント					

07 — — — —					
they	○ ×				☐ 回　☐ 回目
	誤認識語				
	コメント				

08 — — — —					
sit	○ ×				☐ 回　☐ 回目
	誤認識語				
	コメント				

09 — — — —					
cut	○ ×				☐ 回　☐ 回目
	誤認識語				
	コメント				

10 — — — —					
ash	○ ×				☐ 回　☐ 回目
	誤認識語				
	コメント				

○の合計を
書きましょう

Pre-self-check ┃ 計 **30** 回中　　　回認識　　　月　　　日

認識されなくても気にせず、
どんどん進めよー。

B. 初回の発音確認はいかがでしたか。練習前の今の思いを活動の記録として残して
おきましょう。

	Self-check sheet 　　月　　日	全く当てはまらない	当てはまらない	どちらともいえない	その通り	まったくその通り
01	発音の練習や発音確認に一生懸命取り組みたい	☐	☐	☐	☐	☐
02	発音練習に対する意識が高い	☐	☐	☐	☐	☐
03	発音練習に対する興味・関心が高い	☐	☐	☐	☐	☐
04	発音練習は楽しい	☐	☐	☐	☐	☐
05	英語の発音は難しい	☐	☐	☐	☐	☐
06	自分の予想よりも自分の発音を認識してもらえる	☐	☐	☐	☐	☐
07	自動音声認識してもらえたときはうれしい	☐	☐	☐	☐	☐
08	自動音声認識してもらえなかったときは自信をなくす	☐	☐	☐	☐	☐
09	自動音声認識を用いた発音確認は便利である	☐	☐	☐	☐	☐
10	自動音声認識を用いた発音練習は効果的である	☐	☐	☐	☐	☐
11	自動音声認識を用いた発音練習は楽しい	☐	☐	☐	☐	☐
12	自動音声誤認識語を分析し、どの発音を練習すると認識されるかが分かる	☐	☐	☐	☐	☐
13	認識してもらえる発音を身に付けたい	☐	☐	☐	☐	☐
14	英語の発音は練習すれば通じる	☐	☐	☐	☐	☐
15	発音認識率を高めるための、発音の練習方法が分かる	☐	☐	☐	☐	☐

C. 録音・録画、音声認識の活動を終えての感想と今後の意気込みを自由に
記述しましょう。

Pre-self-check 10 単語の認識率

0%
▼
▼
▼   **Nice Try!**   伸びしろいっぱい、練習後が楽しみ！
▼   ⇒ Day2 からスタート
▼
▼

40%
▼   **Good!**   単語の音のイメージはつかめています！
▼   ⇒ Day2 からスタート

60%
▼
▼   **Great!**   通じる単語音と通じない音がはっきり！
▼   ⇒ 気になるセクションからスタート
▼

90%
▼   **Wonderful!**   周囲の人に英語の発音のコツを教えてあげられる！
100%   ⇒ 早口言葉や Coffee Break の活動に挑戦

Day 2

Fried rice? Flied lice? が食べたい？

Today's Target Sound 🔍 **/r/**

今日練習する音は、/r/ です。この音は、"<u>r</u>ain" "co<u>rr</u>ect" "ca<u>r</u>" に使われている音です。

発音記号であるということを示すために、発音記号は、/ / に囲まれています。アルファベットとの違いを示しています。　**/f/…発音記号　f…アルファベット**

Step 1	Pre-self-check

練習前確認

自動音声認識を使用し、次の 6 つの単語を事前確認してみましょう。

単語の中の下線をひいている /r/ の音だけが認識されていれば○というルールでもOKだよ！　ex) <u>r</u>ain

発音単語		1回目	2回目	3回目	認識回数	認識初回
01 **<u>r</u>ain**	○×					
	誤認識語				☐ 回	☐ 回目
	コメント					
02 **<u>r</u>ight**	○×					
	誤認識語				☐ 回	☐ 回目
	コメント					

03 - - - - -	○ ×			
wo_rk	誤認識語			
- - - - - -	コメント			

□回　□回目

04 - - - - -	○ ×			
p_ray	誤認識語			
- - - - - -	コメント			

□回　□回目

05 - - - - -	○ ×			
_ring	誤認識語			
- - - - - -	コメント			

□回　□回目

06 - - - - -	○ ×			
gra_ss	誤認識語			
- - - - - -	コメント			

□回　□回目

○の合計を
書きましょう

Pre-self-check ｜ 計 **18** 回中　　　　回認識　　　月　　　日

Pre-self-check の結果はどうでしたか。自己分析をしてみましょう。

この学習帳では子音（consonant）から練習を始めます。母音に比べ子音の方が日本語の音と比較し、外から口や舌の動きが分かる音が多く、練習がしやすいためです。
今日の目標音 /r/ の発音方法をみていきましょう。

発音モデル動画

発音方法

上の手を「上顎」、下の手を「舌」と考えてください。上顎を表している手の爪は「歯」、指の第一関節のラインが「歯」と「歯茎」の境目を表します。

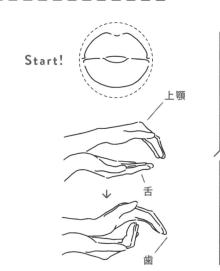

Start!

上顎
↓
舌
歯

① 唇をすぼめ、<u>口を丸くします。</u>
（<u>緊張した唇の状態</u>からスタートです。）

② 舌をまっすぐに立てます。舌先は上顎に<u>接近させますが、つけません。</u>（<u>舌の後部は左右の奥歯にしっかりとつけます。</u>）

③ 立てた舌と上顎の狭い間に息を通します。（のどの奥の筋肉を絞ることができると響きやすくなります。うなるイメージです。）

{ POINT }

01 /r/ は舌先を上顎に近づけて発音するため、音声学の用語では、「接近音」（approximant）と呼ばれています。

02 /r/ の音が単語の最初にある場合、/r/ の前に「ウ」の音を出して練習すると /r/ の音が出しやすくなります。慣れてきたら**丸い口の形だけ残し「ウ」の音は消して**（rain：ゥレイン）発音します。

03 日本語の「ル」とは全く別の音です。

04 /r/ は日本語が母語である人には「ウ」と「ル」の間の音のように聞こえるかもしれません。

05 この音は「舌の中央をもり上げ、舌を引いて」発音する方法もあります。どちらの方法でも舌をどこにもつけずに隙間から空気を流すという点がポイントです。

自己評価！

鏡やスマートフォンのカメラを使い、今日の目標音をセルフチェックしてみましょう。
モデル動画と比べ、唇、舌、歯などの調音器官の動き方と音はいかがですか？

Read aloud

ra / ri / ru / re / ro
rain / correct / car

発音方法の説明、モデル動
画や音声を参考に、同じ音
が出せるように練習してみ
ましょう！

発音はどうでしたか？

☐ Good! ☺
☐ So-So 😐
☐ Not good... ☹

☑ Check!!

| Step 3 | Articulation | 実践練習 |

1. 調音

2-01

A. 目標音をリズムに合わせて練習してみましょう。

ra re ri ru / ra re ri ru re ro ra ro / re ra ri ru /
re ro ra ro ra re ri ro / ru re ri ro / ra

B. 早口言葉に挑戦してみましょう。
5回すらすらと言えるようになるまで練習しましょう。

2-02

I scream, you scream,
we all scream for ice cream!

私は叫ぶ、あなたも叫ぶ、私たちはみんなアイスクリームが欲しいと叫ぶ！

2. 聞き取り

A. 目標音が含まれる単語（1〜20）と語句（21〜28）が流れます。

2-03 ◁))

自分のペースで、納得のいくまで何度も聞いて書き取ってみましょう。

1		2		3	
4		5		6	
7		8		9	
10		11		12	
13		14		15	
16		17		18	
19		20			

21		22	
23		24	
25		26	
27		28	

（⇒正解は右ページの Level 1（単語）と Level 2（語句）を参照）

B. 聞き取った単語と語句の目標音に注意しながらビートに合わせて発音してみましょう。

2-04 ◁))

| Step 4 | Performance | 自動音声認識演習 | G✕ 🌐 |

自動音声認識を使用し、自主練習をしましょう。認識された単語には〇や下線などの印をつけ、認識されない単語は、Step2 で発音方法を確認し 3 回以上挑戦してみましょう。発音するときは、モデル音も参考にして音のイメージを頭で作ってから発音すると認識されやすくなります。誤認識されている部分も参考に改善点を自己分析しましょう。

/r/

| Level 1 | ★☆☆ | *ex)* (rain) / ○ rain | 2-05 🔊 |

rain   rule   robot   reception   rope

rose   ribbon   relatives   ear   sugar

lawyer   wheelchair   air   floor   ladder

sweater   park   trip   drive   camera

| Level 2 | ★★☆ |

right or wrong   rock and roll   shirt and skirt

Jerry and Larry   before or after   summer and winter

drink and drive   trick or treat

| Level 3 | ★★★ |

Siri is not a robot.

Their relatives pray for rain.

Are you ready for work or a walk?

I read a story of "The Lord of the Rings".

Repairing a ring is like watching grass grow.

自動音声認識を使用し、次の6つの単語の発音を再確認してみましょう。 2-06
気になる単語があれば新しい単語を追加して挑戦してみましょう。 🔊

発音単語		1回目	2回目	3回目	認識回数	認識初回
01 <u>r</u>ain	○ ×					
	誤認識語				☐回	☐回目
	コメント					
02 <u>r</u>ight	○ ×					
	誤認識語				☐回	☐回目
	コメント					
03 wo<u>r</u>k	○ ×					
	誤認識語				☐回	☐回目
	コメント					
04 p<u>r</u>ay	○ ×					
	誤認識語				☐回	☐回目
	コメント					
05 <u>r</u>ing	○ ×					
	誤認識語				☐回	☐回目
	コメント					
06 g<u>r</u>ass	○ ×					
	誤認識語				☐回	☐回目
	コメント					

07	○ ×			
	誤認識語			
	コメント			

□回 □回目

08	○ ×			
	誤認識語			
	コメント			

□回 □回目

09	○ ×			
	誤認識語			
	コメント			

□回 □回目

10	○ ×			
	誤認識語			
	コメント			

□回 □回目

○の合計を
書きましょう

Post-self-check ｜ 計　　回中　　回認識　　月　　日

Pre-self-check ｜ 計 **18** 回中　　回認識　　月　　日 (Step 1 pp.16-17)

Pre-self-check の結果と比較して、今回の結果を自己分析してみましょう。

これで、flied lice（飛んだシラミ）でなく fried rice（チャーハン）を注文できるね！

LOL! 自動音声認識発音練習っておもしろい！

Day 3

Today's Target Sound 🔍 **/l/**

今日練習する音は、/l/ です。
この音は、"lily" "collect" "tall" に使われている音です。

| Step 1 | Pre-self-check | 練習前確認 |

自動音声認識を使用し、次の 6 つの単語を事前確認してみましょう。

発音単語		1回目	2回目	3回目	認識回数	認識初回
01 **left**	○×				____回	____回目
	誤認識語					
	コメント					
02 **light**	○×				____回	____回目
	誤認識語					
	コメント					
03 **play**	○×				____回	____回目
	誤認識語					
	コメント					
04 **collect**	○×				____回	____回目
	誤認識語					
	コメント					

	○ ×			
05 ca<u>ll</u>	○ ×			
	誤認識語			
	コメント			
06 ta<u>ll</u>	○ ×			
	誤認識語			
	コメント			

（右側）□ 回　□ 回目

○の合計を
書きましょう

Pre-self-check　｜　計 **18** 回中　　　　回認識　　　月　　　日

Pre-self-check の結果はどうでしたか。自己分析をしてみましょう。　

LOL: laugh out loud（大笑い）

今日の目標音 /l/ の発音方法をみていきましょう。

発音モデル動画

発 音 方 法

（01）舌先を上歯と歯茎の間（中央）に<u>しっかり</u><u>と</u>つけます。（前歯の裏2本程度の範囲）

（02）舌先を<u>強く前歯につけたまま</u>、息を舌の両サイドから強く出します。（口は自然に開けます。）

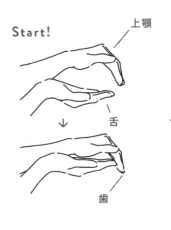

Start!

上顎

↓ 舌

歯

上の手を「上顎」、下の手を「舌」と考えてください。上顎を表している手の爪は「歯」、指の第一関節のラインが「歯」と「歯茎」の境目を表します。

[POINT]

01 /l/ は息を舌の両サイドから流すことでつくられる音です。そのため音声学の用語では、「側音」又は「側面音」（lateral）と呼ばれています。日本語で「ラッパ」（金管楽器）と言った時の「ラ」の音と同じような音と考えるとイメージしやすいかもしれません。

02 自分が感じているより、**さらに舌を前に出して練習する**とより /l/ の音に近づきやすくなります。

03 日本語が母語である人には「ウ」に近い音に聞こえるかもしれません。

04 日本語の「ル」とは異なる音です。

自己評価！

鏡やスマートフォンのカメラを使い、今日の目標音をセルフチェックしてみましょう。
モデル動画と比べ、唇、舌、歯などの調音器官の動き方と音はいかがですか？

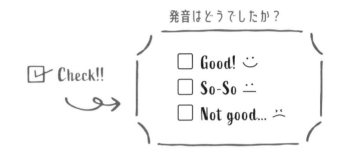

Read aloud

l̲a / l̲i / l̲u / l̲e / l̲o
l̲ove / col̲l̲ect / tel̲l̲

発音方法の説明、モデル動画や音声を参考に、同じ音が出せるように練習してみましょう！

発音はどうでしたか？

☑ Check!!

☐ Good! ☺
☐ So-So 😐
☐ Not good... ☹

| Step 3 | Articulation | 実践練習 |

1. 調音

A. 目標音をリズムに合わせて練習してみましょう。

3-01 🔊

la le li lu / la le li lu le lo la lo / le la li lu /
le lo la lo la le li lo / le lo la li / lu

B. 早口言葉に挑戦してみましょう。
　5回すらすらと言えるようになるまで練習しましょう。

3-02 🔊

L̲itt̲l̲e L̲arry l̲oved his l̲eaping l̲izards.

小さなラリーは飛び跳ねるトカゲが大好きでした。

2. 聞き取り

A. 目標音が含まれる単語（1〜20）と語句（21〜28）が流れます。 3-03
　自分のペースで、納得のいくまで何度も聞いて書き取ってみましょう。 🔊

1		2		3	
4		5		6	
7		8		9	
10		11		12	
13		14		15	
16		17		18	
19		20			

21		22	
23		24	
25		26	
27		28	

（⇒正解は右ページの Level 1（単語）と Level 2（語句）を参照）

B. 聞き取った単語と語句の目標音に注意しながらビートに合わせて発音し 3-04
　てみましょう。 🔊

Step 4	Performance	自動音声認識演習 ┊ 🔤 🌐

自動音声認識を使用し、自主練習をしましょう。認識された単語には〇や下線などの印をつけ、認識されない単語は、Step2 で発音方法を確認し 3 回以上挑戦してみましょう。これまでに練習してきた他の音の発音に注意を向けることもお忘れなく。発音するときは、モデル音も参考にして音のイメージを頭で作ってから発音すると認識されやすくなります。 誤認識されている部分も参考に改善点を自己分析しましょう。

/l/

Level 1 | ★☆☆

look	like	left	lunch	little
long	luggage	lecture	believe	melon
police	balloon	play	black	elbow
please	tell	call	spell	tool

Level 2 | ★★☆

English class	baseball glove	mail the letter
call an ambulance	lots of laundry	lots of umbrellas
listen and learn	language and culture	

Level 3 | ★★★

Please turn on the light.

Do I need to collect or correct the paper?

Look left and right before crossing the street.

The left one looks like a tall lemon tree.

My late lunch was a lot of leftover melon.

Day2 の
/r/の音にも
気をつけよう！

| | | | | | Step 5 | Post-self-check | 練習効果確認 | |

自動音声認識を使用し、次の6つの単語の発音を再確認してみましょう。　3-06 🔊
気になる単語があれば新しい単語を追加して挑戦してみましょう。

発音単語		1回目	2回目	3回目	認識回数	認識初回
01 l_eft	○×				□ 回	□ 回目
	誤認識語					
	コメント					
02 l_ight	○×				□ 回	□ 回目
	誤認識語					
	コメント					
03 p_lay	○×				□ 回	□ 回目
	誤認識語					
	コメント					
04 col_lect	○×				□ 回	□ 回目
	誤認識語					
	コメント					
05 cal_l	○×				□ 回	□ 回目
	誤認識語					
	コメント					
06 tal_l	○×				□ 回	□ 回目
	誤認識語					
	コメント					

07	○ ✕					回		回目
	誤認識語							
	コメント							
08	○ ✕					回		回目
	誤認識語							
	コメント							
09	○ ✕					回		回目
	誤認識語							
	コメント							
10	○ ✕					回		回目
	誤認識語							
	コメント							

○の合計を
書きましょう

Post-self-check ┃ 計　　　回中　　　回認識　　　月　　　日

Pre-self-check ┃ 計 **18** 回中　　　回認識　　　月　　　日 (Step 1 pp.24-25)

Pre-self-check の結果と比較して、今回の結果を自己分析してみましょう。

Coffee Break 1　　通じないあるある　①

　Day1 の Self-check で、みなさんの英語でのコミュニケーションの実体験から通じなかったことがあるかどうかの振り返りをしてもらいました。

　私自身、これまで様々な状況で、英語の発音によるミスコミュニケーションの状況に遭遇しました。最初は中学生の時です。相手が繰り返し聞き返す様子から、通じない単語があることが分かり、そのことがずっと気になっていたのを今でも覚えています。通じていないことは明らかでしたが、通じていない理由は全く分かりませんでした。大学生になりアメリカに留学をし、また同じような状況を経験するようになりました。

　その時点でようやく発音のしくみを勉強し、通じていない理由が分かりました。通じない単語があるのは、個々の発音が違っていたからなんだということが分かるまで、何年もの時間がかかりました。ですが、発音のしくみを知り、練習をすることの大切さに気づいたときには、「そうだったのか！」と目からうろこが落ちた思いでした。そして練習するのが楽しくなりました。

　その後は、「通じていないな」と感じたときは、自分の発した音をモニターして、その理由を瞬時に考え、修正できるようになりました。通じない状況に遭遇すると面白く感じます。20 年くらい前に、アメリカの郵便局で伝えた、おそらく初めて声に出して発した "fragile" を聞き返されました。分析すると日本語が母語である人にとって意思疎通を阻害する可能性の高い子音が 3 つ含まれていました（f、r、l）。"fragile" の発音を 10 回くらい聞き、声に出して 20 回は練習したので、もう意識しなくても大丈夫です。

　最近はあまりエピソードとして紹介できるようなミスコミュニケーションを体験することが少なくなっているのですが、学生さんたちや周囲の人から、発音のミスコミュニケーションのエピソードを聞くと、発音の仕方と練習法を共有できるので、わくわくします。

　Coffee Break1 では、「通じないあるある①」と題して、自分自身の経験と周囲の方々に聞かせていただいた発音に関するミスコミュニケーションのエピソードを紹介します。もしかするとみなさんにも同じような経験があるかもしれませんね。

アメリカでのホームステイ中に、同じくらいの年の子に、何歳？って聞かれて、13歳って答えたのに、何度も聞き返されることに。「何？ 15歳？ 17歳？ 14歳？」って。何度か言い直しても通じず、相手も気まずそうだったので、地面に13と石で書いてその状況を乗り切った。

バニラアイスを注文するとき、いつも何度も聞き返される。バナナじゃなくて、僕は、バニラが食べたいのに〜。

アメリカ留学中、キャンパス内にある、某シアトル系コーヒーショップで私の大好きな、キャラメルマキアートを注文するとき、何度言っても通じない。毎回自分の番がくるのがストレス、でもそれが飲みたい。結局、留学終了時まで、毎回聞き返され続けた。

ホームステイ先のお母さんとスーパーに行ったとき、好きなキャンディーバーを1つ買ってくれるって言われ、たくさんある中から、唯一日本で味を知っている Kit Kat の方を指して、Kit Kat! Kit Kat! と何度か言ったが、全く通じず、「何が欲しいの？ どれ？」って。仕方なく、手に取ったら、"Oh, Kit Kat!"って。何回もそう言ってたつもりなのに、、、

アメリカ留学中に、身の回りの物をそろえる買い物に出かける道のりで、アメリカ人の友達に「鏡を買いたい」と言ったら（言ったつもり）、「ビール飲みたいの？」って、聞き返された。何かがおかしいことに気づき、自分の発した音をモニターし、ハッ！っと。今、/r/ と /l/ 逆に発音したかも！ Miller（ビールのブランド名）って伝わったんだー。すぐ言い直して、「ああ、鏡」ね。と状況を乗り切った。

通じないあるある②に続く。

　エピソードを読んで、通じない状況やミスコミュニケーションがどうして起こっているかわかりますか？　本書で学習を進めると、その理由が分かるようになります。

　実際のコミュニケーションの場面では、特に、単語の最初の部分の音（語頭音）の通用性を高めると相手の理解度が高くなります。語頭音が通じると、対話相手に単語の長さ、話の流れ、そして、おかれている状況で察してもらえ、コミュニケーションを成り立たせてくれる可能性が高くなります。相手の認知能力や外国語母語話者と接してきた経験に頼ることになりますが、最終的には、相手が聞き取ることに疲れないレベルまで練習を続け引き上げていきましょう。

　特に練習するときは、まずは、単語の最初の部分の音の通用性を高く発音できるようにしましょう。あとは、反復練習で自信をつけ、1回目で大きな声で堂々と発音できるようになりましょう。これが通用性を高くするコツでもあります。自信がないと小さい声になりがちです。結果、聞き直しをされ、さらに声が小さくなり、さらに通じないという悪循環が起きてしまいます。ですので普段の練習から、大げさに大きな声で練習しいつも使っていない、唇、舌、歯などの調音器官の動かし方に慣れていきましょう。

Listen!

13 (thirteen)、バニラ (vanilla)、
キャラメルマキアート (caramel macchiato)、
キットカット (Kit Kat)、ミラー (mirror) の
モデル発音を聞いてみよう。

3-07

◁))

Woof！Woof！何の鳴き声？

Today's Target Sound 🔍 /w/

今日練習する音は、/w/ です。
この音は、"wood" "one" "wish" に使われている音です。

| Step 1 | Pre-self-check | 練習前確認 |

自動音声認識を使用し、次の 6 つの単語を事前確認してみましょう。

発音単語		1回目	2回目	3回目	認識回数	認識初回
01 wood	○×				回	回目
	誤認識語					
	コメント					
02 wool	○×				回	回目
	誤認識語					
	コメント					
03 woman	○×				回	回目
	誤認識語					
	コメント					
04 week	○×				回	回目
	誤認識語					
	コメント					

05 - - - -	○ ×			
<u>w</u>hite	誤認識語			
- - - - - -	コメント			
06 - - - -	○ ×			
re<u>qu</u>est	誤認識語			
- - - - - -	コメント			

□回　□回目

○の合計を
書きましょう

Pre-self-check ｜ 計 **18** 回中　　　回認識　　月　　　日

Pre-self-check の結果はどうでしたか。自己分析をしてみましょう。

Woof！Woof！（ワン！ワン！）
他の動物の鳴き声は英語で
どう表現されるか調べてみよう～。

発音モデル動画

今日の目標音 /w/ の発音方法をみていきましょう。

発 音 方 法 ----------------------------

01 唇をすぼめて、スタートの形を作ります。
（日本語の「ウ」よりも口をすぼめます。口
笛を吹くことができるくらいの緊張した状
態です。舌は引いた状態です。）

02 喉の奥の筋肉を絞り、うなり声を出します。

03 急速に緊張を解くと同時に息を吐きながら、
次の母音を出します。(wa の場合 /a/ を出
します。)

[Lip movement change]

Start!

↓

-{ POINT }-

01 /w/ の音は持続されず、すぐに次の母音（a、i、u、e、o）の構えに移行します。そ
のため、音声学の用語では「移行音」(glide) 、又は「半母音」(semi-vowel) と呼
ばれています。小さくせばめられた息の通り道が**急に広くなる**という点がこの音
の特徴です。

02 Day2 で練習した /r/ と Day3 で練習した /l/ とはどこでそれぞれの音を出すのか
大体つづりで判断できました（例 real、learn）。/w/ の場合、語中で "w" とつづ
られていても /w/ の音を出すとは限りません（例 how、two、window）。また、
"once"、"quick"、"distinguish" などは、"w" のつづりが含まれていませんが、
/w/ が含まれています。

03 /w/ は語尾には現れません。

自己評価！

鏡やスマートフォンのカメラを使い、今日の目標音をセルフチェックしてみましょう。
モデル動画と比べ、唇、舌、歯などの調音器官の動き方と音はいかがですか？

Read aloud

発音方法の説明、モデル動画や音声を参考に、同じ音が出せるように練習してみましょう！

wa / wi / wu / we / wo
wood / twice / window

発音はどうでしたか？

☞ Check!!

- [ ] Good! ☺
- [ ] So-So ☹
- [ ] Not good... ☹

| Step 3 | Articulation | 実践練習 |

1. 調音

A. 目標音をリズムに合わせて練習してみましょう。

4-01 🔊

> wa we wi wu / wa we wi wu we wo wa wo /
> we wi wo wu / wa we wi wo wu we wa wo /
> wa we wi wu / wu

B. 早口言葉に挑戦してみましょう。　　　　　　　　　　　　　　　4-02

　5回すらすらと言えるようになるまで練習しましょう。

> # How much <u>w</u>ood <u>w</u>ould a <u>w</u>oodchuck chuck
> # if a <u>w</u>oodchuck could chuck <u>w</u>ood?
>
> もしウッドチャックが木を投げることができるのであれば、ウッドチャックはどのくらいの木を投げるだろうか。
>
> ＊woodchuck：リス科の半地下性の動物

2. 聞き取り

A. 目標音が含まれる単語（1〜20）と語句（21〜26）が流れます。　　4-03

　自分のペースで、納得のいくまで何度も聞いて書き取ってみましょう。

1		2		3	
4		5		6	
7		8		9	
10		11		12	
13		14		15	
16		17		18	
19		20			

21		22	
23		24	
25		26	

（⇒正解は右ページの Level 1（単語）と Level 2（語句）を参照）

B. 聞き取った単語と語句の目標音に注意しながらビートに合わせて発音し　　4-04

　てみましょう。

Step 4	Performance

自動音声認識演習

自動音声認識を使用し、自主練習をしましょう。認識された単語には〇や下線などの印をつけ、認識されない単語は、Step2 で発音方法を確認し3回以上挑戦してみましょう。これまでに練習してきた他の音の発音に注意を向けることもお忘れなく。発音するときは、モデル音も参考にして音のイメージを頭で作ってから発音すると認識されやすくなります。誤認識されている部分も参考に改善点を自己分析しましょう。

Day4

/w/

Level 1	★ ☆ ☆

4-05
◁))

white	wool	wish	word	wine
wheel	water	will	swim	twin
sweet	twelve	twenty	woman	always
between	one	quite	request	language

Level 2	★ ★ ☆

man and woman   work week   wrong question

weekly weather   quick request   white one

Level 3	★ ★ ★

I went to a world-wide wood trade fair.

Washing with water is wasting time.

Watching the weekly weather once a week is wonderful.

自動音声認識を使用し、次の6つの単語の発音を再確認してみましょう。　**4-06**
気になる単語があれば新しい単語を追加して挑戦してみましょう。　🔊))

発音単語		1回目	2回目	3回目	認識回数	認識初回
01 **w<u>oo</u>d**	○ ×				□ 回	□ 回目
	誤認識語					
	コメント					
02 **w<u>oo</u>l**	○ ×				□ 回	□ 回目
	誤認識語					
	コメント					
03 **w<u>o</u>man**	○ ×				□ 回	□ 回目
	誤認識語					
	コメント					
04 **w<u>ee</u>k**	○ ×				□ 回	□ 回目
	誤認識語					
	コメント					
05 **w<u>hi</u>te**	○ ×				□ 回	□ 回目
	誤認識語					
	コメント					
06 **req<u>ue</u>st**	○ ×				□ 回	□ 回目
	誤認識語					
	コメント					

07	〇 ✕			
	誤認識語			
	コメント			
08	〇 ✕			
	誤認識語			
	コメント			
09	〇 ✕			
	誤認識語			
	コメント			
10	〇 ✕			
	誤認識語			
	コメント			

〇 の合計を
書きましょう

Post-self-check ┃ 計　　　回中　　　回認識　　　月　　　日

Pre-self-check ┃ 計 **18** 回中　　　回認識　　　月　　　日 (Step 1 pp.36-37)

Pre-self-check の結果と比較して、今回の結果を自己分析してみましょう。

復習1 (Day 2 - Day 4)

発音の練習は順調に進んでいますか。
Day5 では、これまで練習した3音 (/r/ /l/ /w/) の復習をしましょう。

A. 下の (a)–(g) は、ある音の発音の特徴を示しています。これまでに練習した以下
の3音を表しているのは、(a)–(g) のうちどれでしょうか。( ) に記号で記入し
てください。

/r/ ( ) /l/ ( ) /w/ ( )

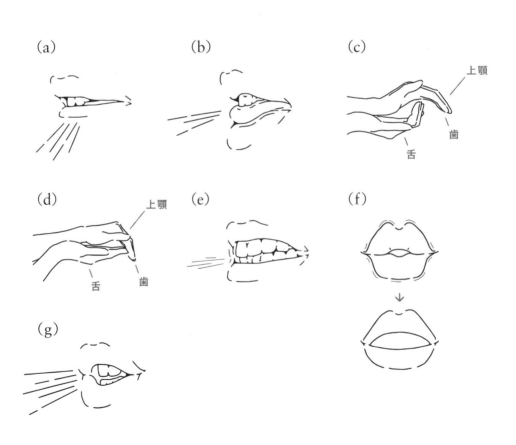

B. これまでに学習した /r/ /l/ /w/ の発音の方法を表しているのは、次の A–E のどれ
でしょうか。（　）に発音の方法を A–E から選び記入し、その音が含まれる語を
3つ挙げてください。

1.　/r/ （　　　　　） 1. _radio_　　　2. _____　　　3. _____

2.　/l/ （　　　　　） 1. _____　　　2. _____　　　3. _____

3.　/w/ （　　　　　） 1. _____　　　2. _____　　　3. _____

[発音方法]

- -

A
1. 舌先を上の前歯にあてます。前から見て舌先が見えるくらいに舌を出
します。
2. 舌先と上の前歯の間で摩擦を起こしながら、しっかりと、勢いよく息
を吹き込みます。声帯＊を使用します。

- -

B
1. 舌先を上歯と歯茎の間（中央）にしっかりとつけます。
2. 舌先を強く前歯につけたまま、息を舌の両サイドから強く出します。
声帯を使用します。

- -

C
1. 舌の根元と喉の奥でしっかりと息をとめます。
2. 喉から息を勢いよく、一気に吐き出します。声帯を使用しません。

- -

D
1. 唇をすぼめ、口を丸くします。
2. 舌をまっすぐに立てます。舌先は上顎に接近させますが、つけません。
3. 立てた舌と上顎の狭い間に息を通します。声帯を使用します。

- -

E
1. 口をすぼめて、スタートの形を作ります。
2. 喉の奥の筋肉を絞り、うなり声を出します。
3. 急速に緊張を解くと同時に息を吐きながら次の母音を出します。

- -

＊ 声帯（vocal cord）は喉にある声を出すための器官です。左右2本のヒダ状
になっている声帯を動かし、そこを通る空気を振動させて発声しています。

Coffee Break 2 — ミニマルペア・チャンツ①

　今回は、みなさんの発音練習に役立つ 2 つの練習方法を紹介します。

1. ミニマルペア（Minimal Pairs、最小対語、最小対立）

　目標音の部分のみが異なる 2 つの単語を用いた発音練習です。聞き取りの練習としても使用されます。音の違いを識別できるようになることを目的としています。日本語での「おじさん」と「おじいさん」、「だいぶつ」と「どうぶつ」のような音の違いのイメージです。

　日本語が母語である人にとって発音と聞き取りの難しい単語のミニマルペア（A–C）を使い、次の 3 つのステップで練習してみましょう。

- -

STEP 01　音源 5-O を聞き、A と B のどちらの単語を読み上げているか聞き取り、読み上げている<u>単語に O を付ける</u>。聞き終えたら<u>単語の意味を（　）に書く</u>。

STEP 02　2 つの単語の音の違いに意識しながら、音源 5-O-1（AB 通し）を参考に 3 回以上声に出して練習する。

STEP 03　<u>自動音声認識を使用し、2 つの単語の発音ができているかを確認する</u>。認識された場合は□にチェックマークを付ける。

A. /l/ & /r/

5-01
5-01-1
🔊

	A	B		A	B
1.	☑ late (遅い)	☐ (rate)	2.	☐ light	☐ right
3.	☐ liver	☐ river	4.	☐ law	☐ raw
5.	☐ glass	☐ grass	6.	☐ collect	☐ correct
7.	☐ fly	☐ fry	8.	☐ play	☐ pray

Coffee Break 2

Day6 と Day10 の練習後に挑戦してみましょう。

5-02
5-02-1

B. /b/ & /v/

- -

	A	B		A	B
1.	☐ very ( )	☐ berry ( )	2.	☐ best ( )	☐ vest ( )
3.	☐ beer ( )	☐ veer ( )	4.	☐ vet ( )	☐ bet ( )
5.	☐ lib ( )	☐ live ( )	6.	☐ ballet ( )	☐ valet ( )
7.	☐ vase ( )	☐ base ( )	8.	☐ boat ( )	☐ vote ( )

Day7 と Day9 の練習後に挑戦してみましょう。

C. /s/ & /ʃ/   /s/ & /θ/   /s/ & /ð/   /s/ & /z/   /z/ & /ð/

5-03
5-03-1

	A	B		A	B
1.	☐ sip ( )	☐ ship ( )	2.	☐ self ( )	☐ shelf ( )
3.	☐ sheet ( )	☐ seat ( )	4.	☐ sip ( )	☐ zip ( )
5.	☐ sank ( )	☐ thank ( )	6.	☐ worth ( )	☐ worse ( )
7.	☐ close ( )	☐ clothe ( )	8.	☐ breeze ( )	☐ breathe ( )

2. チャンツ（Chants）①

　今では日本の小学校の英語指導要領にも出てくる「チャンツ」。英語の教師で、またジャズの音楽家でもある Carolyn Graham によって第二言語習得の分野で Jazz Chants という 1 つの教授法として確立され、世界中の教室で英語の教材として使われています。

　チャンツ（chants）は曲の無い詞だけの歌です。チャンツを用いた学習は、学習者のスピーキング力やリスニング力を伸ばすことを目的としています。繰り返して練習することで英語のリズムやイントネーションのパターンを理屈ではなく体で自然に身に付けることができます。また、退屈になりがちな発音の反復練習をリズムに合わせ、楽しく練習できるという学習者の情意面に働きかける効果もあります。ちなみに、英語のネイティブスピーカーが "chants" と聞くと、「お経」を思い浮かべる人が多いようです。

　今回は 2 つの著者のオリジナルチャンツを紹介します。まずは、リスニングでチャンツのイメージをつかむことから始めましょう。

STEP **01**　音源を使用し、ページ下の Word List の語を参照し、1-10 の単語を聞き取り（ ）に単語を記入しましょう。4 〜 5 回は繰り返し聞きます。

STEP **02**　聞き取りを終えたら発音練習です。すらすら言えるようになるまで 10 回以上練習します。机などをたたき、リズムを刻みながら練習してみましょう。

STEP **03**　リズムにのってスラスラ口ずさめるようになった時には、自然に英語のリズムが身に付いています。最終的に文字を見ずに口ずさめるまで繰り返して練習します。

Seashells

She (1.   ) seashells down (2.   ) the seashore.
She (1.   ) seashells down (2.   ) the seashore.

Are these (3.   ) shells? Yes (4.   ) are.
Isn't (5.   ) beautiful? Isn't (5.   ) beautiful?

She sells seashells down by the (6.   ).
She sells seashells down by the (6.   ).

Pie (7.   ), (8.   ) (7.   ), nut (7.   ),
(9.   ) (7.   ).

(10.   ) (1.   ) seashells down by the seashore.

Word List

shells	seashore	egg	real	they
turtle	by	that	Rachelle	sells

＊Seashells のチャンツの意味は巻末の解答で確認。

Real Lemons

5-05

Lemons, lemons, (1.   ) (2.   ) lemons.
Lemons, lemons, (3.   ) (2.   ) lemons.

They (4.   ) (5.   ) real but some are fake.
They (4.   ) (5.   ) real but some are fake.

I think this is (1.   ) and (6.   ) is the fake.
I think this is (1.   ) and (6.   ) is the fake.

This (7.   ) is real. No, it's not!
That (7.   ) is real. No, it's not!

It doesn't really (8.   ). It doesn't really (8.   ).

(9.   ) I really, really, really don't (10.   ) lemons.
Really.

Word List

very	real	one	all	like
sour	matter	look	that	'cause

＊Real Lemons のチャンツの意味は巻末の解答で確認。

52

口の筋肉がつかれてきたので
ちょっとひと休み……。

Day 6

Cough and fever? 体調大丈夫?

Today's Target Sounds 🔍 **/f/ /v/**

今日練習する音は2音、/f/ と /v/ です。

これらの音は、"I am <u>f</u>ine." "<u>V</u>ery good!" "<u>f</u>ast <u>f</u>ood" に使われている音です。

| Step 1 | Pre-self-check | 練習前確認

自動音声認識を使用し、次の6つの単語を事前確認してみましょう。

発音単語		1回目	2回目	3回目	認識回数	認識初回
01 **<u>f</u>irst**	○×				□ 回	□ 回目
	誤認識語					
	コメント					
02 **cou<u>gh</u>**	○×				□ 回	□ 回目
	誤認識語					
	コメント					
03 **<u>v</u>ase**	○×				□ 回	□ 回目
	誤認識語					
	コメント					
04 **<u>v</u>est**	○×				□ 回	□ 回目
	誤認識語					
	コメント					

05 _va_nilla	○ ×			
	誤認識語			
	コメント			
06 fe_ve_r	○ ×			
	誤認識語			
	コメント			

○の合計を
書きましょう

Pre-self-check ┃ 計 **18** 回中　　　　回認識　　　月　　　日

Pre-self-check の結果はどうでしたか。自己分析をしてみましょう。

今日の目標音の発音方法をみていきましょう。今日は 2 つの音 /f/ と /v/ を練習します。これらは対になる音で、口の形や舌の位置は全く同じです。違いは、声帯（vocal cord）を使用するかしないかです。

発音モデル動画

発 音 方 法 — — — — — — — — — — — — — — — —

(01) 上の前歯に下唇を軽くあてます。（そっとあてるだけで、噛むのではありません。噛んでしまうと、息が流れず摩擦を起こすことができません。<u>息が通る狭い通路を作ります。</u>）

(02) 上の前歯と下唇の間から、<u>息をしっかりと、勢いよく吹き込みます。</u>（細かい振動をさせながら。）声帯を使用しない場合は /f/ の音、声帯を使用すると /v/ の音になります。

息の流れ

— —

〔 **POINT** 〕

01　/f/ 、/v/ は、上歯と下唇を合わせることで息の通りをせまくし、**空気を押し出すことで摩擦を起こして作る音**です。そのため、音声学の用語では「摩擦音」（fricative）と呼ばれます。

02　声帯を使用しないで出した音を「**無声音**」（voiceless sounds）、声帯を使用して出した音を「**有声音**」（voiced sounds）と呼びます。喉に指を当てて、または両耳をふさいで発音すると違いがよく分かります。

03　口や歯の位置があっていても /f/ と /v/ の音が調音されていない時があります。しっかりと息を出し、**歯と下唇の間に息を強く通して摩擦を起こさないと /f//v/ にはなりません。**下唇を瞬間的に噛んだり、はじくのではありません。**息を強く長く出すように意識しながら大げさに練習してみましょう。**

04	日本語の「フ」や「ブ」とは全く別の音です。
05	日本語が母語である人は /v/ と /b/ の 2 音の聞き取りや発音を間違うことがあります。例えば "vase" / "base"、"vest" / "best" などです。(/b/ の発音は Day10 で練習します。)
06	/f/ は "f" のつづりの他に "phone" "physics" "enough" "cough" などのつづりにも現れます。
07	"of" は "f" とつづられますが発音は /v/ です。(ただし "Of course." のような /f/ のケースもあります。)

/f/、/v/ 2音をセットで覚えると違いが分かりやすい！
鏡を見ながら口の形を確認しよう！

自己評価！

鏡やスマートフォンのカメラを使い、今日の目標音をセルフチェックしてみましょう。
モデル動画と比べ、唇、舌、歯などの調音器官の動き方と音はいかがですか？

Read aloud

発音方法の説明、モデル動画や音声を参考に、同じ音が出せるように練習してみましょう！

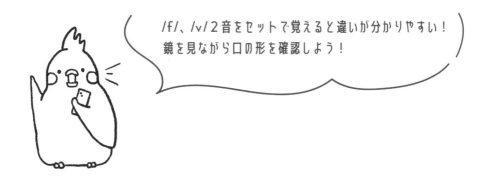

fa / fi / fu / fe / fo
va / vi / vu / ve / vo

food / puffy / enough
very / television / of

発音はどうでしたか？

☐ Check!! →

☐ Good! ☺
☐ So-So 😐
☐ Not good... ☹

| Step 3 | Articulation | 実践練習 |

1. 調音

A. 目標音をリズムに合わせて練習してみましょう。

6-01 🔊

> fa fa va va / fi fi fi fi fi fi fi fi fi / fu vu fu vu /
> ve ve vu vu fi fi vo vo / fa ve fi ve / fo

B. 早口言葉に挑戦してみましょう。
5回すらすらと言えるようになるまで練習しましょう。

6-02 🔊

01

Se<u>v</u>enty-se<u>v</u>en bene<u>v</u>olent elephants ha<u>v</u>e <u>f</u>reshly <u>f</u>ried <u>f</u>resh <u>f</u>ish.

77頭の優しい象が揚げたての新鮮な魚を食べる。

02

<u>V</u>i<u>v</u>ian belie<u>v</u>es <u>v</u>iolent, <u>v</u>iolet bugs ha<u>v</u>e <u>v</u>ery big <u>v</u>alue.

ビビアンは危険な紫色の虫がとても大きな価値を持っていると信じている。

2. 聞き取り

A. 目標音が含まれる単語（1 ～ 20）と語句（21 ～ 28）が流れます。
自分のペースで、納得のいくまで何度も聞いて書き取ってみましょう。

6-03

1		2		3	
4		5		6	
7		8		9	
10		11		12	
13		14		15	
16		17		18	
19		20			

21		22	
23		24	
25		26	
27		28	

（⇒正解は次ページの Level 1（単語）と Level 2（語句）を参照）

B. 聞き取った単語と語句の目標音に注意しながらビートに合わせて発音し
てみましょう。

6-04

Step 4　｜　Performance　　自動音声認識演習　┊

自動音声認識を使用し、自主練習をしましょう。認識された単語には○や下線などの
印をつけ、認識されない単語は、Step2 で発音方法を確認し 3 回以上挑戦してみま
しょう。これまでに練習してきた他の音の発音に注意を向けることもお忘れなく。発
音するときは、モデル音も参考にして音のイメージを頭で作ってから発音すると認識
されやすくなります。誤認識されている部分も参考に改善点を自己分析しましょう。

/f/ & /v/

6-05

Level 1 | ★☆☆

first   face   fall   fee   final

forest   phone   photo   traffic   often

giraffe   wolf   voice   visit   vanilla

vegetable   river   level   five   wave

Level 2 | ★★☆

beef or fish   best or vest   four or five

cough and fever   forks and knives   before and after

golf and volleyball   forgive and forget

Level 3 | ★★★

This is the very best vest.

Are they visiting us at four or five fifty-five?

I had the first fever and cough five weeks ago.

Twelve vanilla ice creams came from the farm village.

I give my five favorite vases away for my future friend.

自動音声認識を使用し、次の6つの単語の発音を再確認してみましょう。
気になる単語があれば新しい単語を追加して挑戦してみましょう。

6-06 🔊

発音単語		1回目	2回目	3回目	認識回数	認識初回
01 **first**	○ ×				回	回目
	誤認識語					
	コメント					
02 **cough**	○ ×				回	回目
	誤認識語					
	コメント					
03 **vase**	○ ×				回	回目
	誤認識語					
	コメント					
04 **vest**	○ ×				回	回目
	誤認識語					
	コメント					
05 **vanilla**	○ ×				回	回目
	誤認識語					
	コメント					
06 **fever**	○ ×				回	回目
	誤認識語					
	コメント					

Day6

07	○ ×			
	誤認識語			
	コメント			

☐ 回　☐ 回目

08	○ ×			
	誤認識語			
	コメント			

☐ 回　☐ 回目

09	○ ×			
	誤認識語			
	コメント			

☐ 回　☐ 回目

10	○ ×			
	誤認識語			
	コメント			

☐ 回　☐ 回目

○の合計を
書きましょう

Post-self-check ｜ 計　　回中　　回認識　　月　　日

Pre-self-check ｜ 計 18 回中　　回認識　　月　　日 （Step 1 pp.54-55）

Pre-self-check の結果と比較して、今回の結果を自己分析してみましょう。 🖊

もう Day6……。
/r/、/l/、/w/、/f/、/v/、5音も
できるようになった！
積み上げると、発音練習のコツも
分かってきた気がする！

Day 7

Thinking? Sinking?
考えてる? それとも沈んでる?

Today's Target Sounds 🔍 /θ/ /ð/

今日練習する音は、/θ/ と /ð/ の2音です。

これらの音は、"Thank you." "Happy Birthday!" "weather" に使われている音です。

| Step 1 | Pre-self-check | 練習前確認

自動音声認識を使用し、次の6つの単語を事前確認してみましょう。

発音単語		1回目	2回目	3回目	認識回数	認識初回
01 thirteen	○ ✕				□ 回	□ 回目
	誤認識語					
	コメント					
02 theater	○ ✕				□ 回	□ 回目
	誤認識語					
	コメント					
03 fifth	○ ✕				□ 回	□ 回目
	誤認識語					
	コメント					
04 they	○ ✕				□ 回	□ 回目
	誤認識語					
	コメント					

64

05 - - - - - **brea<u>the</u>** - - - - - -	○ ×					回		回目
	誤認識語							
	コメント							
06 - - - - - **clo<u>th</u>ing** - - - - - -	○ ×					回		回目
	誤認識語							
	コメント							

○の合計を
書きましょう

Pre-self-check ┃ 計 **18** 回中　　　回認識　　　月　　　日

Pre-self-check の結果はどうでしたか。自己分析をしてみましょう。

Step1でなかなか**認識**されない人は、
のびしろい〜っぱい！
<u>s</u>inking の/s/は、Day9で**練習する**よ！

今日の目標音 /θ/ と /ð/ の発音方法をみていきましょう。今回練習する /θ/ と /ð/ も口の形や舌の位置が全く同じ、対になる音です。声帯を使用するかしないかの違いによって作り出される音の違いです。

発音モデル動画

発 音 方 法 — — — — — — — — — — — —

(01) 舌先を<u>上の前歯</u>にあてます。前から見て舌先が見えるくらいに舌を出します。

(02) 舌先と上の前歯の間で<u>摩擦を起こしながら、しっかりと、勢いよく吹き込みます</u>。声帯を使用しない場合は /θ/ 、声帯を使用した場合は /ð/ になります。

息の流れ

— — — — — — — — — — — — — — — — — —

{ **POINT** }

01 Day6で練習した /f/ と /v/ 同様、/θ/ と /ð/ も摩擦を起こして作る音のため、音声学の用語では「摩擦音」(fricative) と呼ばれます。

02 調音の仕方が正しくても /θ/ と /ð/ の音が作られていない場合があります。舌先を上の前歯にあてるだけでは不十分です。きちんと息を出して**摩擦**をさせないと /θ/ や /ð/ の音になりません。**息をしっかりと長く出しながら練習しましょう。**（注意：**はじくのではありません。**）

03 /θ/、/ð/ が単語中に出てくる時は「舌を素早く引っ込める動作」も合わせて必要です。ただし早すぎると摩擦が起きません。「**摩擦をおこして音を出してから引っ込める**」という点に注意をしましょう。

04 日本語の「ス」や「ズ」の音とは全く別の音です。

05 "th" のつづりでも、ごくまれに /θ/ や /ð/ と発音しない場合があります。
（例. "River <u>Th</u>ames"（テムズ川）、"Bee<u>th</u>oven"（ベートーベン））

06 日本語が母語である人にとって /θ/ と /s/（ba<u>th</u>/bu<u>s</u>）、/ð/ と /z/（brea<u>th</u>e/brea<u>z</u>e）の違いを聞き取るためには、特に練習が必要です。

自己評価！

鏡やスマートフォンのカメラを使い、今日の目標音をセルフチェックしてみましょう。
モデル動画と比べ、唇、舌、歯などの調音器官の動き方と音はいかがですか？

Read aloud

発音方法の説明、モデル動画や音声を参考に、同じ音が出せるように練習してみましょう！

/θ/ **<u>th</u>a / <u>th</u>i / <u>th</u>u / <u>th</u>e / <u>th</u>o**
/ð/ **<u>th</u>a / <u>th</u>i / <u>th</u>u / <u>th</u>e / <u>th</u>o**

<u>th</u>ank / bir<u>th</u>day / fif<u>th</u>
<u>th</u>at / mo<u>th</u>er / smoo<u>th</u>

発音はどうでしたか？

☑ Check!!

☐ Good! ☺
☐ So-So 😐
☐ Not good... ☹

1. 調音

A. 目標音をリズムに合わせて練習してみましょう。

7-01
🔊

/θ/ /θ/ /ð/ /θ/ / /ð/ /θ/ /ð/ /θ/ /ð/ /θ/ /θ/ /ð/ /
/θ/ /ð/ /θ/ /ð/ / /θ/ /ð/ /θ/ /ð/ /ð/ /θ/ /θ/ /ð/ /
/θ/ /θ/ /ð/ /θ/ / /ð/

B. 早口言葉に挑戦してみましょう。
　 5回すらすらと言えるようになるまで練習しましょう。

7-02
🔊

01

Thank the other three brothers of their father's mother's brother's side.

他の３人の兄弟の彼らの父親の母親の兄弟側に感謝します。

02

I thought a thought but the thought that I thought was not the thought that I thought that I thought.

私はある考えを考えましたが、私が考えた考えは、私が考えた考えではありませんでした。

2. 聞き取り

A. 目標音が含まれる単語（1 ～ 20）と語句（21 ～ 28）が流れます。　　　7-03
　自分のペースで、納得のいくまで何度も聞いて書き取ってみましょう。　🔊

1		2		3	
4		5		6	
7		8		9	
10		11		12	
13		14		15	
16		17		18	
19		20			

21		22	
23		24	
25		26	
27		28	

（⇒正解は次ページの Level 1（単語）と Level 2（語句）を参照）

B. 聞き取った単語と語句の目標音に注意しながらビートに合わせて発音し　　7-04
　てみましょう。　🔊

Step 4 ｜ Performance　　自動音声認識演習

自動音声認識を使用し、自主練習をしましょう。認識された単語には○や下線などの印をつけ、認識されない単語は、Step2 で発音方法を確認し 3 回以上挑戦してみましょう。これまでに練習してきた他の音の発音に注意を向けることもお忘れなく。発音するときは、モデル音も参考にして音のイメージを頭で作ってから発音すると認識されやすくなります。誤認識されている部分も参考に改善点を自己分析しましょう。

/θ/ & /ð/

Level 1 | ★ ☆ ☆

<u>th</u>ree	<u>th</u>irty	<u>th</u>irteen	<u>th</u>ousand	me<u>th</u>od
bir<u>th</u>day	too<u>th</u>ache	mara<u>th</u>on	ear<u>th</u>	heal<u>th</u>
mou<u>th</u>	mo<u>th</u>	<u>th</u>ey	<u>th</u>ese	<u>th</u>e
<u>th</u>us	o<u>th</u>er	lea<u>th</u>er	wi<u>th</u>	brea<u>th</u>e

Level 2 | ★ ★ ☆

<u>th</u>ick and <u>th</u>in   <u>th</u>is and <u>th</u>at   <u>th</u>ese and <u>th</u>ose

fa<u>th</u>er and mo<u>th</u>er   grandfa<u>th</u>er and grandmo<u>th</u>er

nor<u>th</u> and sou<u>th</u>   leng<u>th</u> and wid<u>th</u>   Be<u>th</u> and Doro<u>th</u>y

Level 3 | ★ ★ ★

Brea<u>th</u>e in and <u>th</u>en brea<u>th</u>e out.

<u>Th</u>is is <u>th</u>e fif<u>th</u> <u>th</u>eater in <u>th</u>e nor<u>th</u> side of town.

<u>Th</u>e clo<u>th</u>ing store is closing at five-<u>th</u>irty on <u>Th</u>ursday.

/r/、/l/、/w/、/f/、/v/
の音にも下線を引いて
気をつけよう！

自動音声認識を使用し、次の6つの単語の発音を再確認してみましょう。　7-06

気になる単語があれば新しい単語を追加して挑戦してみましょう。　◁))

発音単語		1回目	2回目	3回目	認識回数	認識初回
01 **thirteen**	○ ×				□ 回	□ 回目
	誤認識語					
	コメント					
02 **theater**	○ ×				□ 回	□ 回目
	誤認識語					
	コメント					
03 **fifth**	○ ×				□ 回	□ 回目
	誤認識語					
	コメント					
04 **they**	○ ×				□ 回	□ 回目
	誤認識語					
	コメント					
05 **breathe**	○ ×				□ 回	□ 回目
	誤認識語					
	コメント					
06 **clothing**	○ ×				□ 回	□ 回目
	誤認識語					
	コメント					

Day7

07	○ ×				
	誤認識語				□回 □回目
	コメント				
08	○ ×				
	誤認識語				□回 □回目
	コメント				
09	○ ×				
	誤認識語				□回 □回目
	コメント				
10	○ ×				
	誤認識語				□回 □回目
	コメント				

○の合計を
書きましょう

Post-self-check ┃ 計　　回中　　回認識　　月　　日

Pre-self-check ┃ 計 **18** 回中　　回認識　　月　　日 （Step 1 pp.64-65）

Pre-self-check の結果と比較して、今回の結果を自己分析してみましょう。

これまでに練習した音に
印をつけてみよう！
全23音、がんばるぞ～！

Start　　　　　　　　　　　　　　　　　　　　　　　　　　**Goal**

/r/ /l/ /w/ /f/ /v/ /θ/ /ð/ /s/ /z/ /ʃ/ /p/ /b/ /t/ /d/ /k/ /g/ /æ/ /ɑ/ /ə/ /ei/ /iər/ /ɛər/ /uər/

⊸ Coffee Break 3　　Siriに聞いてみよう

　Siri を使って、英会話の練習をすることもできます。英語で下の質問をしてみましょう。どんな答えが返ってくるでしょうか。返答に対し、「Thank you! 」や、「Yes / No 」などと答え、会話を続けてみましょう。「あなたは？」と聞き返してくれるかもしれません。

7-07
🔊

Hello.
Hi, Siri. How are you doing?
Can you hear me?
Are you ok?

How old are you?
Where are you from?
What sports do you like?

> 通じない時は、これまでに練習した音に下線を引いて、注意しながら挑戦してみよう！

What kind of food do you like?
Do you like video games?
Where do you live?

What day is it today?

What is the date today?

Can you tell me the temperature?

Will it be raining today?

Do I need an umbrella today?

I lost my wallet.

I forgot to buy eggs.

I do not want to do my homework.

Can you tell me a joke?

Can you make me laugh?

　　　ジョークについて、コメントしてみる

(That was funny! / I do not understand. /

 One more, please.)

Can you start a timer for 15 minutes?

Could you show me pictures of a woodchuck?

　　　　　　　　⇒⟩ 下線部に物や人物などを入れてみる

Could you tell me how to get to the best coffee shop in town?

- -

　"Hi there!"（やあ！）"Sure thing!"（もちろん！）など、日常で使う表現で答えてくれることもあるため、新しい表現を身に付ける機会にもなりますね。

Day 8 練習成果を確認・記録しよう

発音の練習も半分を過ぎました。ここまでよく頑張りました。Day8 では、ここまでの練習の成果の確認をしてみましょう。活動の内容・方法は Day1 と同じです。

録音（中間）

発音時の口の形を、録音と録画の機能を使用して記録します。
録音・録画したファイルは保存しておきましょう。

録音・録画 1　1 秒間隔で、ゆっくり読み上げましょう。

8-01 🔊

1 sec				
sha	za	fa	va	tha (this の th)
la	tha (thanks の th)	fa	va	za
wa	la	sa	ra	tha (thanks の th)
sa	sha	ra	wa	tha (this の th)

録音・録画 2　1 つの英単語を続けて 2 回ずつ、1 秒間隔で読み上げましょう。

8-02 🔊

1 sec				
right ×2 （右）	locker （ロッカー）	first （第一の）	vanilla （バニラ）	think （思う）
thirteen (13)	they （彼ら）	sit （座る）	cut （切る）	ash （灰）
rabbit （うさぎ）	theater （劇場）	white （白）	fruit （果物）	real （本物の）

surfing
（波乗り）

dog
（犬）

hot dog
（ホットドック）

girl
（女の子）

power
（力）

weather
（天気）

battery
（電池）

volunteer
（ボランティア）

city
（街）

world
（世界）

| 録音・録画 3 | 最後は、パッセージの読み上げです。
ゆっくり読み上げてみましょう。 | 8-03 |

I like traveling and communicating in English, but sometimes I notice that people do not understand my pronunciation. Last year, I went to the United States. On the airplane, a flight attendant asked me what beverage I would like after the meal. I said, "Coffee, please." What I received was a coke! Then, after I ordered vanilla ice cream at a shop, I was asked three times, "Which one?" "What? Banana?" So, I decided to practice my pronunciation.

This textbook is fun and I can check my pronunciation using a smart-phone. Let's see... "Play and pray?" "Fly and fry?" Oh, there is a section with tongue twisters! What's that!? "She sells seashells down by the seashore." "Can you can a can as a canner can can a can?"

Once I finish this book, I would like to be able to say confidently, "Now I can do it!" This is my goal.

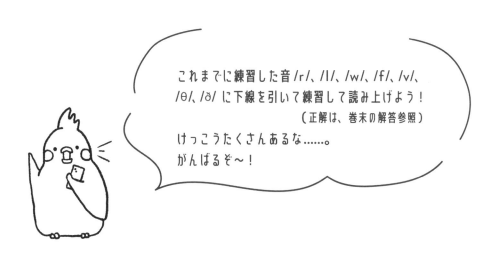

これまでに練習した音 /r/、/l/、/w/、/f/、/v/、/θ/、/ð/ に下線を引いて練習して読み上げよう！
（正解は、巻末の解答参照）
けっこうたくさんあるな……。
がんばるぞ〜！

A. 次の 10 単語の発音を自動音声認識を使用し記録します。

8-04
◁))

発音単語		1回目	2回目	3回目	認識回数	認識初回
01 **right**	○ ×					
	誤認識語				□ 回	□ 回目
	コメント					
02 **locker**	○ ×					
	誤認識語				□ 回	□ 回目
	コメント					
03 **first**	○ ×					
	誤認識語				□ 回	□ 回目
	コメント					
04 **vanilla**	○ ×					
	誤認識語				□ 回	□ 回目
	コメント					
05 **think**	○ ×					
	誤認識語				□ 回	□ 回目
	コメント					
06 **thirteen**	○ ×					
	誤認識語				□ 回	□ 回目
	コメント					

07 -----	○ ×			
<u>th</u>ey	誤認識語			
-----	コメント			

□回　□回目

08 -----	○ ×			
sit	誤認識語			
-----	コメント			

□回　□回目

09 -----	○ ×			
cut	誤認識語			
-----	コメント			

Day8

□回　□回目

10 -----	○ ×			
ash	誤認識語			
-----	コメント			

□回　□回目

○の合計を
書きましょう

Midterm-self-check ┃ 計 **30** 回中　　回認識　　月　　日

B. 中間発音確認はいかがでしたか。今の思いを活動の記録として残しておきましょう。

Self-check sheet　　　　月　　　日

	全く当てはまらない	当てはまらない	どちらともいえない	その通り	まったくその通り
01　発音の練習や発音確認に一生懸命取り組みたい	☐	☐	☐	☐	☐
02　発音練習に対する意識が高い	☐	☐	☐	☐	☐
03　発音練習に対する興味・関心が高い	☐	☐	☐	☐	☐
04　発音練習は楽しい	☐	☐	☐	☐	☐
05　英語の発音は難しい	☐	☐	☐	☐	☐
06　自分の予想よりも自分の発音を認識してもらえる	☐	☐	☐	☐	☐
07　自動音声認識してもらえたときはうれしい	☐	☐	☐	☐	☐
08　自動音声認識してもらえなかったときは自信をなくす	☐	☐	☐	☐	☐
09　自動音声認識を用いた発音確認は便利である	☐	☐	☐	☐	☐
10　自動音声認識を用いた発音練習は効果的である	☐	☐	☐	☐	☐
11　自動音声認識を用いた発音練習は楽しい	☐	☐	☐	☐	☐
12　自動音声誤認識語を分析し、どの発音を練習すると認識されるかが分かる	☐	☐	☐	☐	☐
13　認識してもらえる発音を身に付けたい	☐	☐	☐	☐	☐
14　英語の発音は練習すれば通じる	☐	☐	☐	☐	☐
15　発音認識率を高めるための、発音の練習方法が分かる	☐	☐	☐	☐	☐

C. Day1 の練習前確認と比較していかがでしたか？
　活動を終えての感想と今後の意気込みを自由に記述してください。

半分まできたよ。
おつかれさまでした ☺
練習の成果は確認でき
たかな？

Seafood? See food?
食べたいの？ 見たいの？

Today's Target Sounds 🍭 **/s/ /z/ /ʃ/**

今日練習する音は、/s/ /z/ /ʃ/ です。

これらの音は、"<u>S</u>ee you!" "<u>z</u>oo" "ma<u>ch</u>ine" に使われている音です。

Step 1	Pre-self-check

練習前確認

自動音声認識を使用し、次の6つの単語を事前確認してみましょう。

発音単語		1回目	2回目	3回目	認識回数	認識初回
01 **s̲ilk**	○ ×				☐ 回	☐ 回目
	誤認識語					
	コメント					
02 **s̲it**	○ ×				☐ 回	☐ 回目
	誤認識語					
	コメント					
03 **c̲ity**	○ ×				☐ 回	☐ 回目
	誤認識語					
	コメント					
04 **z̲ip**	○ ×				☐ 回	☐ 回目
	誤認識語					
	コメント					

05 ---- **shirt** ----	○ ×			
	誤認識語			
	コメント			
06 ---- **strike** ----	○ ×			
	誤認識語			
	コメント			

○の合計を
書きましょう

Pre-self-check ┃ 計 **18** 回中　　　　回認識　　　月　　　日

Pre-self-check の結果はどうでしたか。自己分析をしてみましょう。

Day9

Step 1 で通じなくても気にしな〜い。
練習するところを洗い出しているのだ。
レストランで、seafood（海鮮料理）を頼めるように
次ページからの練習をがんばろう！

今日の目標音 /s/ /z/ /ʃ/ の発音方法をみていきましょう。

発音モデル動画

/s/ & /z/

まずは /s/ と /z/ です。今回も 2 つの音は、口の形や舌の位置は同じセットの音です。声帯を使用するか、しないかの違いで作り出される音の違いです。

発 音 方 法

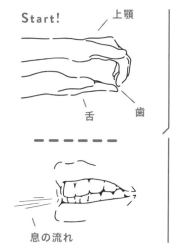

Start!

上顎

舌　歯

息の流れ

上の手を「上顎」、下の手を「舌」と考えてください。上顎を表している手の爪は「歯」、指の第一関節のラインが「歯」と「歯茎」の境目を表します。

01 上下の歯をかみ合わせます。舌先は軽く前歯に触れています。唇は力を抜いたままです。

02 上下前歯 4 本あたりから、細く、強い息を出します。その時、声帯を使用しない場合は /s/ の音（無声音）、声帯を使用すると /z/（有声音）の音になります。

{ POINT }

01 /s/ も摩擦を起こして作る音です。音声学の用語では、「摩擦音」(fricatives) と呼ばれます。

02 /s/ は自転車のタイヤから空気が漏れている音のイメージです。

03 /z/ の音を出している時は舌先に振動を感じます。

04 日本語の「ス」や「ズ」の音とは別の音です。（日本語の「ス」や「ズ」を出す時には、その後に母音「ウ」の音がついています。）

05 /s/ の音は "face"、"scene"、/z/ の音は、"easy"、"buzz"、"Xerox" のつづりの中でも用いられます。

/ʃ/

次は /ʃ/ です。 この音は日本語の「シ」に近い音です。唇に人差し指を当て、大げさに「シーーー。」と表現する時の音のイメージです。
/ʃ/ より、/s/ の方が鋭く細い音のイメージです。

発 音 方 法 ------------------------------

01 舌の根元を上顎に近づけます。

02 口を丸く突き出します。

03 日本語の「シー」という音をたっぷりと強い息で強く出します。（舌の先や中央部はどこにもついていないはずです。）声帯は使用しません。

息の流れ

{ POINT }

01 /ʃ/ も摩擦を起こして作る音です。「摩擦音」(fricative) と呼ばれます。

02 /ʃ/ にも対になる音 /dʒ/ があります。例えば、"Japan"、"usual"、"garage" の音です。

03 日本語の「シ」の音は、母音「イ」がついてきます。有声音です。喉に指を当てて発音してみてください。振動を感じるはずです。/ʃ/ は、無声音のため振動は感じません。

04 /ʃ/ は "sh" のつづりに加え "station"、"ocean"、"special" などのつづりでも用いられます。

05 日本語母語の人に多い間違いが "machine" です。/s/ ではなく /ʃ/ を用いるのが正しい発音です。

自己評価！

鏡やスマートフォンのカメラを使い、今日の目標音をセルフチェックしてみましょう。
モデル動画と比べ、唇、舌、歯などの調音器官の動き方と音はいかがですか？

- -

Read aloud

発音方法の説明、モデル動
画や音声を参考に、同じ音
が出せるように練習してみ
ましょう！

/s/ <u>s</u>a / <u>s</u>i / <u>s</u>u / <u>s</u>e / <u>s</u>o

/z/ <u>z</u>a / <u>z</u>i / <u>z</u>u / <u>z</u>e / <u>z</u>o

/ʃ/ <u>sh</u>a / <u>sh</u>i / <u>sh</u>u / <u>sh</u>e / <u>sh</u>o

<u>s</u>imple / ri<u>ce</u> / po<u>ss</u>ible

<u>z</u>oo / vi<u>s</u>it / clo<u>se</u>

<u>sh</u>op / ma<u>ch</u>ine / fi<u>sh</u>

- -

発音はどうでしたか？

☞ Check!!

- ☐ Good! ☺
- ☐ So-So 😐
- ☐ Not good... ☹

| Step 3 | Articulation | 実践練習 |

1. 調音

A. 目標音をリズムに合わせて練習してみましょう。

9-01
🔊

/s/ /s/ /s/ /s/ / /z/ /z/ /z/ /z/ /ʃ/ /ʃ/ /ʃ/ /ʃ/ /
/z/ /z/ /s/ /s/ / /ʃ/ /ʃ/ /z/ /s/ /z/ /ʃ/ /ʃ/ /z/ /
/s/ /z/ /ʃ/ /z/ / /s/

B. 早口言葉に挑戦してみましょう。

9-02
🔊

5回すらすらと言えるようになるまで練習しましょう。

She sells seashells down by the seashore.

彼女は海岸のそばで貝殻を売っている。

___ .../s/   ___ .../z/   ═ .../ʃ/

Day9

2．聞き取り

A. 目標音が含まれる単語（1～20）と語句（21～26）が流れます。
自分のペースで、納得のいくまで何度も聞いて書き取ってみましょう。

9-03
◁))

1		2		3	
4		5		6	
7		8		9	
10		11		12	
13		14		15	
16		17		18	
19		20			
21			22		
23			24		
25			26		

（⇒正解は右ページの Level 1（単語）と Level 2（語句）を参照）

B. 聞き取った単語と語句の目標音に注意しながらビートに合わせて発音してみましょう。

9-04
◁))

Step 4	Performance

自動音声認識演習

自動音声認識を使用し、自主練習をしましょう。認識された単語には○や下線などの印をつけ、認識されない単語は、Step2 で発音方法を確認し 3 回以上挑戦してみましょう。これまでに練習してきた他の音の発音に注意を向けることもお忘れなく。発音するときは、モデル音も参考にして音のイメージを頭で作ってから発音すると認識されやすくなります。誤認識されている部分も参考に改善点を自己分析しましょう。

/s/ & /z/ & /ʃ/   — .../s/   .../z/   = .../ʃ/

Level 1 | ★☆☆

sick   city   pencil   silver   strike

strong   spring   switch   easy   exit

music   zebra   lazy   noisy   crazy

zip   ship   shop   chef   patient

Level 2 | ★★☆

special scene   silver and silk   fashion show

simple shirt   sing a song   seafood dish

Level 3 | ★★★

Can I sit here?

She is still seasick.

Did you see the strong machine?

The crazy chef sees the special seafood dish.

That simple shirt goes well with a silver silk tie.

| Step 5 | Post-self-check | 練習効果確認 |

自動音声認識を使用し、次の 6 つの単語の発音を再確認してみましょう。
気になる単語があれば新しい単語を追加して挑戦してみましょう。

9-06
◁))

発音単語		1回目	2回目	3回目	認識回数	認識初回
01	○ ×					
s̲ilk	誤認識語				☐回	☐回目
	コメント					
02	○ ×					
s̲it	誤認識語				☐回	☐回目
	コメント					
03	○ ×					
c̲ity	誤認識語				☐回	☐回目
	コメント					
04	○ ×					
z̲ip	誤認識語				☐回	☐回目
	コメント					
05	○ ×					
s̲hirt	誤認識語				☐回	☐回目
	コメント					
06	○ ×					
s̲trike	誤認識語				☐回	☐回目
	コメント					

07	〇 ✕					回		回目
	誤認識語							
	コメント							
08	〇 ✕					回		回目
	誤認識語							
	コメント							
09	〇 ✕					回		回目
	誤認識語							
	コメント							
10	〇 ✕					回		回目
	誤認識語							
	コメント							

〇の合計を
書きましょう

Post-self-check ┃ 計　　　回中　　　回認識　　　月　　　日

Pre-self-check ┃ 計 **18** 回中　　　回認識　　　月　　　日　$\left(\begin{array}{c}\text{Step 1}\\\text{pp.82-83}\end{array}\right)$

Pre-self-check の結果と比較して、今回の結果を自己分析してみましょう。　🖊

| Coffee Break 4 | 英語の発音のしくみ |

　英語の音声は、大きく分けて 2 つの要素に分けることができます。音声学の用語で「分節音」(segmental features) と呼ばれる要素と「超分節音」(suprasegmental features) と呼ばれる要素です。「分節音」は母音（vowels）や子音（consonants）などの個々の音のことです。そして、その個々の音にかぶさって乗っかっているのが「超分節音」と呼ばれる、ストレス（stress）、リズム（rhythm）、イントネーション（intonation）です。そのため「超分節音」は「かぶせ音」とも呼ばれます。

　ここまでの説明に目を通すと、みなさんはこれまでの練習を通して分節音的側面、特に子音の練習のみを行ってきたのだな、との印象を受けるかもしれません。ですが実はこれまでの単元ですでに、個々の音に並行してストレス、リズム、イントネーションの超分節音の側面も練習していました。毎回の単元で練習してきた「単語や語句のリズム読み」、「早口言葉」、そして「チャンツ」が超分節音の要素の習得に効果のある練習だったのです。

　超分節音的要素は、実は個々の発音ができること以上に英語のオーラルコミュニケーションにおける通用性を高める上で大切な要素です。ですが会話の文脈などで変化するため、なかなか全てを規則として学習し、記憶し、応用することが難しい要素とも言えます。

[英語の発音のしくみ]

次の表は英語の発音を説明したものです。前ページの説明を参考に適切な表現を記入し、下の表を完成させましょう。(1.〜6. は、日本語、①〜⑥は、英語で記入します。)

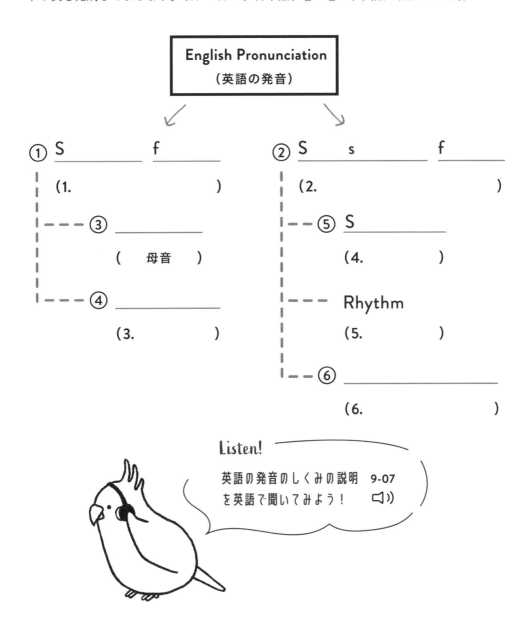

English Pronunciation
（英語の発音）

① S＿＿＿＿＿＿ f＿＿＿＿
（1.　　　　　　　　　　）
├── ③ ＿＿＿＿＿＿
（　母音　）
└── ④ ＿＿＿＿＿＿
（3.　　　　　）

② S＿＿＿ s＿＿＿＿＿ f＿＿＿
（2.　　　　　　　　　　）
├── ⑤ S＿＿＿＿＿
（4.　　　）
├── Rhythm
（5.　　　）
└── ⑥ ＿＿＿＿＿＿＿＿
（6.　　　　　　）

Listen!
英語の発音のしくみの説明　9-07
を英語で聞いてみよう！　◁))

Day 10

Tick Tock, Tick Tock 何の音？

Today's Target Sounds 🔊 /p/ /b/ /t/ /d/ /k/ /g/

今日は一度に 6 つの音 /p/ /b/ /t/ /d/ /k/ /g/ の練習をします。
この音は、"ho<u>t</u> dog" "pe<u>t</u> dog" "be<u>s</u>t of luc<u>k</u>" に使われている音です。

| Step 1 | Pre-self-check | 練習前確認 | |

自動音声認識を使用し、次の 6 つの単語を事前確認してみましょう。

発音単語		1回目	2回目	3回目	認識回数	認識初回
01 **pi<u>g</u>**	〇✕				回	回目
	誤認識語					
	コメント					
02 **<u>b</u>oo<u>k</u>**	〇✕				回	回目
	誤認識語					
	コメント					
03 **<u>t</u>ri<u>p</u>**	〇✕				回	回目
	誤認識語					
	コメント					
04 **<u>d</u>o<u>g</u>**	〇✕				回	回目
	誤認識語					
	コメント					

05 **k̲i̲d̲**	○ ×			
	誤認識語			
	コメント			
06 **G̲o̲d̲**	○ ×			
	誤認識語			
	コメント			

□ 回　□ 回目

○の合計を
書きましょう

Pre-self-check ┃ 計 **18** 回中　　　回認識　　　月　　　日

Pre-self-check の結果はどうでしたか。自己分析をしてみましょう。

Tick Tock, Tick Tock
/t/、/k/ の音に注意しながら
時計の音を検索して
真似してみよう〜。

今回は6つの音 /p/ /b/ /t/ /d/ /k/ /g/ を練習します。これらの音は、同じグループに属していて、それぞれ対をなしている音です。一度に多いな……と感じるかもしれませんが、そんなに難しい音ではありません。

発音モデル動画

 発 音 方 法

/p/ /b/ /t/ /d/ /k/ /g/ に共通する発音の特徴は、<u>息の通りを完全に閉鎖してから、そのふさがった所を急に開け、破裂を起こすという点</u>です。そのため、音声学の用語では「破裂音」(plosive) 又は「閉鎖音」(stop) と呼ばれています。今回の音には「無声音」と「有声音」があり、それぞれ対になっています。

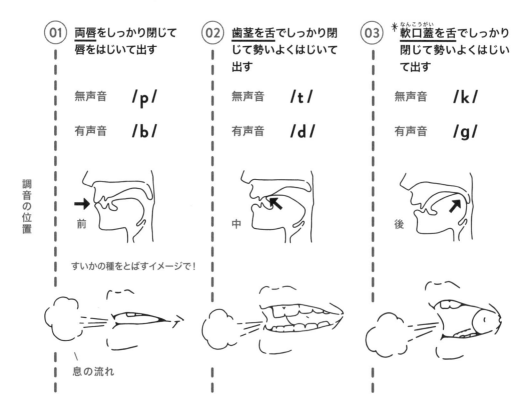

01 両唇をしっかり閉じて唇をはじいて出す

無声音	/p/
有声音	/b/

前

すいかの種をとばすイメージで！

息の流れ

02 歯茎を舌でしっかり閉じて勢いよくはじいて出す

無声音	/t/
有声音	/d/

中

03 ※軟口蓋（なんこうがい）を舌でしっかり閉じて勢いよくはじいて出す

無声音	/k/
有声音	/g/

後

調音の位置

※ 軟口蓋は、硬い歯茎（硬口蓋（こうこうがい））の後ろに位置している柔らかい部分のことです。舌先で上顎を歯の裏からなぞっていくと途中で柔らかくなります。その部分を軟口蓋と呼びます。

鏡やスマートフォンのカメラを使い、今日の目標音をセルフチェックしてみましょう。
モデル動画と比べ、唇、舌、歯などの調音器官の動き方と音はいかがですか？

- -

Read aloud

発音方法の説明、モデル動画や音声を参考に、同じ音が出せるように練習してみましょう！

/p/ **p**a / **p**i / **p**u / **p**e / **p**o

/b/ **b**a / **b**i / **b**u / **b**e / **b**o

/t/ **t**a / **t**i / **t**u / **t**e / **t**o

/d/ **d**a / **d**i / **d**u / **d**e / **d**o

/k/ **k**a / **k**i / **k**u / **k**e / **k**o

/g/ **g**a / **g**i / **g**u / **g**e / **g**o

par**t**y / ma**p** / **b**oo**k** / **b**ul**b**
ti**p** / **g**rea**t** / **d**onu**t** / an**d**
key / lo**ck** / **g**irl / **b**a**g**

- -

発音はどうでしたか？

☞ Check!!

☐ Good! ☺
☐ So-So 😐
☐ Not good... ☹

1. 調音

A. 目標音をリズムに合わせて練習してみましょう。

10-01
🔊))

/p/ /p/ /b/ /b/ / /t/ /t/ /d/ /d/ /k/ /k/ /g/ /g/ /
/p/ /b/ /t/ /d/ / /k/ /g/ /t/ /p/ /b/ /t/ /k/ /d/ /
/b/ /d/ /k/ /g/ / /d/

B. 早口言葉に挑戦してみましょう。

5回すらすらと言えるようになるまで練習しましょう。

10-02
🔊))

01

Peter Piper picked a peck of pickled peppers.

ピーター・パイパーさんは、酢漬けの唐辛子をちょっと摘まみました。

02

A big black bug bit a big black bear!

大きな黒い虫が大きな黒い熊を噛んだ！

03

Can you can a can as a canner can
can a can?

缶詰め業者が缶詰を缶詰にすることができるように、あなたは缶詰を缶詰に
することができますか？

2. 聞き取り

A. 目標音が含まれる単語（1 〜 20）と語句（21 〜 28）が流れます。　　**10-03**　🔊

自分のペースで、納得のいくまで何度も聞いて書き取ってみましょう。

1		2		3	
4		5		6	
7		8		9	
10		11		12	
13		14		15	
16		17		18	
19		20			

21		22	
23		24	
25		26	
27		28	

（⇒正解は次ページの Level 1（単語）と Level 2（語句）を参照）

B. 聞き取った単語と語句の目標音に注意しながらビートに合わせて発音し　　**10-04**　🔊

てみましょう。

Step 4 | **Performance**　　自動音声認識演習　┊　

自動音声認識を使用し、自主練習をしましょう。認識された単語には〇や下線などの印をつけ、認識されない単語は、Step2 で発音方法を確認し 3 回以上挑戦してみましょう。これまでに練習してきた他の音の発音に注意を向けることもお忘れなく。発音するときは、モデル音も参考にして音のイメージを頭で作ってから発音すると認識されやすくなります。誤認識されている部分も参考に改善点を自己分析しましょう。

/p/ /b/ /t/ /d/ /k/ /g/

Level 1 | ★☆☆

pen	**b**oo**k**	**t**en	**d**es**k**	**k**ick
ge**t**	s**p**or**t**	ra**bb**i**t**	le**tt**er	**b**o**d**y
bu**ck**e**t**	**t**i**g**er	sou**p**	**j**o**b**	ha**t**
foo**d**	mil**k**	fro**g**	**t**ri**p**	le**tt**uce

Level 2 | ★★☆

li**tt**le **b**o**tt**le   mi**dd**le **d**augh**t**er   **t**ennis **t**i**ck**et

ho**t** **d**og shop   ha**t** an**d** **c**oa**t**   **b**rea**d** an**d** **b**u**tt**er

push or **p**ull   **C**u**b**a or **C**ana**d**a

Level 3 | ★★★

Te**d** **b**ough**t** **t**en **b**ig **b**la**ck** **p**ig**s**.

I**t** is raining li**k**e **c**a**t**s an**d** **d**og**s**.

Di**d** you watch *Kara**t**e **K**i**d*** on **T**V?

Tha**t** **b**ig **b**oo**k** **t**ells us a**b**ou**t** **G**o**d**.

Do you li**k**e a **b**a**c**on, le**tt**uce, an**d** **t**oma**t**o **b**ur**g**er?

自動音声認識を使用し、次の6つの単語の発音を再確認してみましょう。 **10-06**
気になる単語があれば新しい単語を追加して挑戦してみましょう。 🔊

発音単語		1回目	2回目	3回目	認識回数	認識初回
01 **pig**	○×				□回	□回目
	誤認識語					
	コメント					
02 **book**	○×				□回	□回目
	誤認識語					
	コメント					
03 **trip**	○×				□回	□回目
	誤認識語					
	コメント					
04 **dog**	○×				□回	□回目
	誤認識語					
	コメント					
05 **kid**	○×				□回	□回目
	誤認識語					
	コメント					
06 **God**	○×				□回	□回目
	誤認識語					
	コメント					

Day10

07 -----	○ ×			
	誤認識語			
-----	コメント			

□ 回　　□ 回目

08 -----	○ ×			
	誤認識語			
-----	コメント			

□ 回　　□ 回目

09 -----	○ ×			
	誤認識語			
-----	コメント			

□ 回　　□ 回目

10 -----	○ ×			
	誤認識語			
-----	コメント			

□ 回　　□ 回目

○の合計を
書きましょう

Post-self-check ┃ 計　　回中　　回認識　　月　　日

Pre-self-check ┃ 計 18 回中　　回認識　　月　　日 (Step 1 pp.94-95)

Pre-self-check の結果と比較して、今回の結果を自己分析してみましょう。 🖉

英語を読んでいるのに日本語の発音のくせが
なかなかとれないな ...。

Sutoraiku ではなくて、Strike...。
Supuringu ではなくて、Spring...。

子音の後に不必要な母音（a、i、u、e、o）
をつけないようにモデル音を何度も聞いて
練習だ〜！

復習 2（Day 2-Day 10）

発音の練習には慣れてきましたか。練習する音が多すぎて 1 音 1 音の違いがよく分からなくなってきているかもしれません。Day11 では、これまで練習した 16 音（/r/、/l/、/w/、/f/、/v/、/θ/、/ð/、/s/、/z/、/ʃ/、/p/、/b/、/t/、/d/、/k/、/g/）の復習をしましょう。

A. 下の (a)–(g) は、ある音の発音の特徴を示しています。これまでに練習した以下の 10 音を表しているのは、(a)–(g) のうちどれでしょうか。（　）に記号で記入してください。2 度入るものもあります。

/r/（　　　　　）/l/（　　　　　）/w/（　　　　　）/f/（　　　　　）/v/（　　　　　）

/θ/（　　　　　）/ð/（　　　　　）/s/（　　　　　）/z/（　　　　　）/ʃ/（　　　　　）

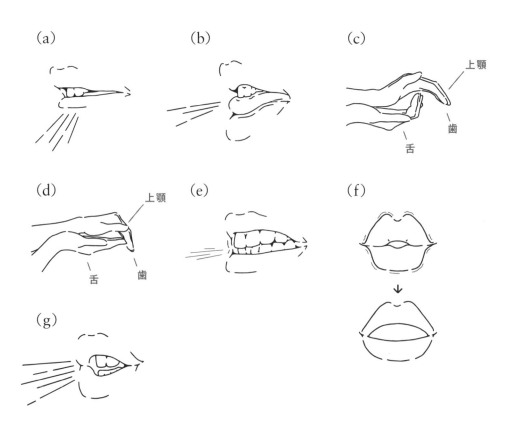

B. これまでに学習した音の発音法 1–10 を読み、その説明の示す発音記号を以下のリストから選び、その音が含まれる単語をそれぞれ 3 つ挙げてください。

/r/	/l/	/w/	/f/	/v/	/θ/	/ð/	/s/
/z/	/ʃ/	/p/	/b/	/t/	/d/	/k/	/g/

[発音方法]

- -

1

1. 舌先を上の前歯にあてます。前から見て舌先が見えるくらいに舌を出します。
2. 舌先と上の前歯の間で摩擦を起こしながら、しっかりと、勢いよく息を吹き込みます。声帯を使用します。

- -

発音記号 (/ð/) 1. ___this___ 2. _____ 3. _____

- -

2

1. 上下の歯をかみ合わせます。舌先は軽く前歯に触れています。唇は力を抜いたままです。
2. 上下前歯 4 本あたりから、細く、強い息を出します。声帯を使用します。

- -

発音記号 ( ) 1. _____ 2. _____ 3. _____

- -

3

1. 舌の根元を上顎に近づけます。
2. 唇は少し突き出し、息を鋭く、強く、多く出します。声帯は使用しません。

- -

発音記号 ( ) 1. _____ 2. _____ 3. _____

4
1. 舌先を上顎の歯の裏の付け根と歯茎の間に押し付けます。
2. 勢いよく舌をはじきます。声帯を使用します。

発音記号 （　　　　　） 1. ＿＿＿＿＿＿＿　　2. ＿＿＿＿＿＿＿　　3. ＿＿＿＿＿＿＿

5
1. 舌先を上歯と歯茎の間（中央）にしっかりとつけます。
2. 舌先を強く前歯につけたまま、息を舌の両サイドから強く出します。
　　うなるイメージで声帯を使用します。

発音記号 （　　　　　） 1. ＿＿＿＿＿＿＿　　2. ＿＿＿＿＿＿＿　　3. ＿＿＿＿＿＿＿

6
1. 舌の根元と喉の奥でしっかりと息をとめます。軟口蓋を舌でしっかり閉じます。
2. 喉から息を勢いよく、一気に吐き出します。声帯を使用しません。

発音記号 （　　　　　） 1. ＿＿＿＿＿＿＿　　2. ＿＿＿＿＿＿＿　　3. ＿＿＿＿＿＿＿

7
1. 唇をすぼめ、口を丸くします。
2. 舌をまっすぐに立てます。舌先は上顎に接近させますが、つけません。
3. 立てた舌と上顎の狭い間に息を通します。声帯を使用します。

発音記号 （　　　　　） 1. ＿＿＿＿＿＿＿　　2. ＿＿＿＿＿＿＿　　3. ＿＿＿＿＿＿＿

8

1. 唇をすぼめて、スタートの形を作ります。

2. 喉の奥の筋肉を絞り、うなり声を出します。

3. 急速に緊張を解くと同時に息を吐きながら次の母音を出します。

発音記号（　　　　）1. ＿＿＿＿＿＿　2. ＿＿＿＿＿＿　3. ＿＿＿＿＿＿

9

1. 上の前歯に下唇を軽くあてます。

2. 上の前歯と下唇の間から、声帯を使用せず息をしっかりと吹き込みます。

発音記号（　　　　）1. ＿＿＿＿＿＿　2. ＿＿＿＿＿＿　3. ＿＿＿＿＿＿

10

1. 両唇をしっかりと合わせ閉じます。

2. すいかの種をとばすように、唇をはじきます。声帯を使用します。

発音記号（　　　　）1. ＿＿＿＿＿＿　2. ＿＿＿＿＿＿　3. ＿＿＿＿＿＿

Day11

Coffee Break 5

〈超分節音〉
**ストレス・リズム・
イントネーション**

　発音の練習も終わりに近づいてきました。みなさん発音方法を理解し、実践で使える発音技術が身に付いてきたことと思います。今回は少し視点を変えて、英語の要素の一部分である、suprasegmental features（超分節音・Coffee Break4 参照）について詳しく見ていきます。日本語では、超分節的特徴、または、かぶせ音とも呼びます。

1. Stress

　1 つの英単語の中にある同じ母音でもより「大きく」(louder)、「長く」(longer) 発音されるものがあります。その部分が英語の「ストレス」(stress) の置かれている母音です。これまでに英語の発音の練習をする機会があまりなかった人も、英語の単語レベルの「ストレス」については、受験対策などで取り組んできているのではないでしょうか。どの母音にストレスを置いて読むとよいのか、残念ながら絶対的な規則がないためひとつひとつの語彙について覚えていく必要があります。しかしわずかですがほぼ一般化できる英語のストレスの規則があります。その 1 つがみなさんが高校の授業で学習してきた「名前動後」という規則です。英語 2 音節単語のうち名詞の場合、90 パーセント以上は前半の第 1 音節にストレスが置かれます。動詞の場合、60 パーセント以上が後半の第 2 音節にストレスが置かれると言われています。

A. 次の 1–8 の単語を聞き、ストレスマーク（'）をつけてみましょう。聞き 　　　　　**11-01**
　　取りが終わったら、11-01-1 の音声を聞き、声に出して読み上げ、名詞と　**11-01-1**
　　動詞のアクセントの違いを体得しましょう。　　　　　　　　　　　　🔊

	Noun	Verb			Noun	Verb
1.	record	record		2.	present	present
3.	object	object		4.	produce	produce
5.	*address	address		6.	perfect	perfect
7.	project	project		8.	contract	contract

＊アメリカ英語とイギリス英語ではアクセントの位置が異なるので注意！

B. 日本語でカタカナ表記される英語の単語があります。　　　　　　　　**11-02**
　　次の 1–10 を聞き取り、それぞれにストレスマークをつけてみましょう。🔊

1. _____　　2. _____

3. _____　　4. _____

5. _____　　6. _____

7. _____　　8. _____

9. _____　　10. _____

Coffee Break 5

　英語で話す場合、ストレスを置き間違えると語の意味が通じなくなる可能性が高くなります。もしみなさんが今後「個々の音は正しい発音をしているのになぜか相手にある単語を理解してもらえないな。」という経験をした場合は「ストレスの置き間違え」または「ストレスが弱い」可能性があります。その時は、ストレスの位置を変えるまたはストレスをより強く言い直してみてください。そうすると理解してもらえるかもしれません。特に日本語のカタカナ表記される単語は発音するときには注意して発音しましょう。

2. Rhythm

　日本語と異なり、英語は stress-timed language と呼ばれ、**ストレスの置かれる音節がほぼ、規則的**に現れます。文中で強く発音される部分を「**強音節**」、弱く発音される部分を「**弱音節**」と呼びます。通常、強音節は「**強く、長く、高く**」発音され、弱音節は「**弱く、短く、低く**」発音されます。対して日本語は syllable-timed language に属し、文を読むときに必要な時間は**音節の数**（ストレスの数ではなく）によって決まる言語です。次の図は、日本語（上）と英語（下）のストレスの現れ方の違いを図で示したものです。

わたしは　えいごが　すき。
○○○○　○○○○　○○

I　like　English.
○　　○　　　○

文の中で**強勢を受ける語**を「**内容語**」（content words）と呼び、これらは**意味の伝達に大きく関わる語**です。例えば、名詞、動詞、形容詞、副詞、指示代名詞、疑問詞、数詞、否定詞があります。対して、**弱音節である強勢を受けない語**は「**機能語**」（function words）に分類することができ、これらは**意味の伝達にあまり重要ではない、主に文法に関わる語**です。例えば、be 動詞、助動詞、前置詞、接続詞、人称・再帰・相互代名詞、関係詞、冠詞、存在文の there があります。

　次の 5 つの文を読んでみましょう。次の文では "COCKATIELS"、"TALK"、"PEOPLE" にストレスが置かれます。文は長くなっていますが、ストレスの数は同じため、かかる時間は**ほぼ同じ長さ**で読まれます。太字の部分を机などをたたきながら読んでみると、英語のリズムをより感じやすくなります。リズムにのりながら 10 回くらい練習しましょう。言えるようになるときっとワクワクしますよ。

11-03
🔊

COCKATIELS   **TALK** to   **PEOPLE.**

The **COCKATIELS** are   **TALK**ing to   **PEOPLE.**

The **COCKATIELS** will be   **TALK**ing to the **PEOPLE.**

The **COCKATIELS** have been   **TALK**ing to the **PEOPLE.**

The **COCKATIELS** must have been **TALK**ing to the **PEOPLE.**

Coffee Break 5

3. Intonation

　イントネーションは会話の中で大きな役割を果たしています。イントネーションが適切でない発話は、**意味に違いが出てくる**ため理解が困難になることがあります。同じ「語」や「文」を述べているのに、意図したこととは、全く異なるメッセージを伝えてしまい誤解を与えてしまう可能性もあります。

　日本人の英語を話す時の特徴として**イントネーションの高低が平板**で、**ピッチの幅が狭い**ことが挙げられます。英語は、日本語に比べより抑揚により依存する言語です。日本語では使用の少ない高さや低さの音域を使っての練習に始めは気恥ずかしさもあるかもしれません。ですが、練習を積むにつれて自分の出している音にも慣れてきます。

A. 単語を聞きとりましょう。　　　　　　　　　　　　　　　　**11-04**
🔊

1. ＿＿＿＿＿＿　　2. ＿＿＿＿＿＿　　3. ＿＿＿＿＿＿

4. ＿＿＿＿＿＿　　5. ＿＿＿＿＿＿

そうです。全て同じ単語です。書き取ると同じ 1 語ですが、実は聞いてみると違いがあります。ピッチの上り下がりが異なることが分かると思います。この異なりをイントネーションという言葉で表します。イントネーションは大きく分けると**上昇調、下降調**があります。異なるイントネーションの置き方で、**伝達するメッセージが変わります**。

B. 次の 1–3 の語がそれぞれの会話の状況で「上昇調（↗）」と「下降調（↘）」　**11-05**
のどちらで読まれているかを聞き取り、（　　）に（↗）（↘）のどちら
かを記入してみましょう。

1.Yes --

A. Reiko is working at a beauty salon in L.A.
Yes (　　)? I thought she was in a school studying
environmental science in Tokyo.

令子はロサンゼルスの美容院で働いてるのよ。
そうなの？ 東京の環境工学を勉強する学校に通っているのだと思ってたよ。

B. Ayumi and Ruriko's advice has been very beneficial to me.
Yes (　　), they are truly wonderful editors.

あゆみさんとるりこさんのアドバイスは私にとっても為になってるの。
そうだよね、本当に素晴らしい編集者さんたちだよね。

2. Really ----------------------------------

A. Guess what! Yutaro won the lottery!
Really (　　)? He won twelve months of free ramen tickets?
How exciting!

聞いてよ！ゆうたろうが宝くじに当たったの！
本当に？ ラーメン 12 か月無料チケットをもらったの？　それはいいね！

B. I just heard that Michael broke his leg.
Really (　　)? Is he okay?

マイケルが足を骨折したと聞いたんだけど。
本当？ 大丈夫？

3. Sorry ------------------------------------

A. Sorry (　　). I stepped on your jacket, Alex. I didn't see it.
It shouldn't be on the floor!

ごめん。アレックス、あなたのジャケットを踏んじゃったよ。見えなかった。
床に置いておかないで！

B. Sorry (　　). I couldn't hear you well. So, who opened a cafe,
Isabella or Mary?

ごめん。よく聞こえなかった。それで、イザベラとメアリー、どっちがカフェをオープンしたの？

Day 12 母音も練習してみよう

Today's Target Sounds 🔎 **/æ/ /ɑ/ /ə/**

今日練習する音は母音（vowel）の3音、/æ/ /ɑ/ /ə/ です。
この音は、"apple" "pot" "animal" に使われている音です。

| Step 1 | Pre-self-check | 練習前確認

自動音声認識を使用し、次の6つの単語を事前確認してみましょう。

発音単語		1回目	2回目	3回目	認識回数	認識初回
01 **h<u>a</u>t**	○×					
	誤認識語				回	回目
	コメント					
02 **h<u>a</u>ve**	○×					
	誤認識語				回	回目
	コメント					
03 **h<u>o</u>p**	○×					
	誤認識語				回	回目
	コメント					
04 **qu<u>a</u>lity**	○×					
	誤認識語				回	回目
	コメント					

0 5	○ ×				
a̲go	誤認識語				
	コメント				

□回 □回目

0 6	○ ×				
a̲ni̲ma̲l	誤認識語				
	コメント				

□回 □回目

○の合計を
書きましょう

Pre-self-check ┃ 計 **18** 回中 　　　回認識　　　月　　　日

Pre-self-check の結果はどうでしたか。自己分析をしてみましょう。

母音（vowel）は、肺からの声を伴った息の流れを邪魔しないで
口の大きさと舌の高さを変えることで作るベースの音なんだって。
舌や唇の形、口の開き具合で音を区別しているんだって。

それに対して、子音（consonant）は、舌や唇や歯で息の流れを
阻害したり止めたりして作る音なんだって。
子音は母音と一緒に発音されて、無声音もあるんだ。

なるほど〜！

発音モデル動画

今日の目標音 /æ/ /ɑ/ /ə/ の発音方法をみていきましょう。

/æ/

最初の音は /æ/ です。この音は "happy" や "can"（強形の場合）に使われている音です。（米音と英音では異なる音で発音されます。ここでは米音で練習します。）

発 音 方 法 —————————————————————

01 口を少し横に開き、顎を下げます。

02 舌を全体に広げ、下の歯の後ろの方へ押し下げます。

03 喉の奥から「アー」と声を出します。

—————————————————————

{ POINT }

01 /æ/ は日本語のアとエの中間の音（どちらかというとエに近い音）です。

02 平べったく、長めの音に感じるかもしれません。

03 語頭の /æ/ は、日本語が母語である人には、聞き取りが難しい音です。

04 /æ/ は単語の最後には現れません。

/ɑ/

次の音は /ɑ/ です。この音は "on" や "pot" に使われている音です。
（米音と英音では異なる音で発音されます。ここでは米音で練習します。）

(01) 日本語の「ア」よりも口を大きく開けます。（指が縦に3本入るくらい。）

(02) 顎と舌を下げて後ろに引きます。唇は丸くなりません。

(03) のどの奥の深いところから声を出します。

{ POINT }

[01] /ɑ/ は「ア」と「オ」の中間の音です。うがいをする時や、風邪をひいた時に
お医者さんが金属の棒を使って喉を見てもらう時に出す「アー」のような音
です。

[02] あくびをするイメージで発音してみましょう。

[03] 日本語が母語である人によく見られる特長として、この /ɑ/ の音で発音する
必要がある場所で、別の音を出していることがよくあります。特に "o" のつ
づりの時（例えば、"dollar" "shot" "lock" など）に気をつけましょう。

/ə/

最後の音は /ə/ です。この音は "about"、"banana"、"police" に使われている音です。

(01) 口を半開きにして、唇や舌の力を抜きます。

(02) 「ア」でも「ウ」でもないあいまいな音を出します。

---

01 /ə/（"e" の逆さまの音声記号）は、音声学の用語で「あいまい母音」、または「シュワ」（schwa）と呼ばれる音を表します。

02 「弱く」「短く」「あいまい」であることがこの音の特徴です。口の中には全く力が入りません。

03 /ə/ は**舌の位置が口の中央あたりで発音される**音です。

04 あいまい母音という名の通り /ə/ は「ア」、「イ」、「ウ」、「エ」、「オ」どの音にも聞こえるような音です。

05 英語の**ストレスのない母音**（二重母音を除く）の音節に出てくることができる音です。（少数ですがストレスが置かれる場合もあります。）

06 英語の音の中で一番頻繁に使われる母音です。様々なつづり（"a"、"i"、"u"、"e"、"o"、"y"、"ou"、"oi"）でなどに登場します。

自己評価！

鏡やスマートフォンのカメラを使い、今日の目標音をセルフチェックしてみましょう。
モデル動画と比べ、唇、舌、歯などの調音器官の動き方と音はいかがですか？

Read aloud

発音方法の説明、モデル動画や音声を参考に、同じ音が出せるように練習してみましょう！

/æ/ **a**pple / b**a**g

/ɑ/ **o**n / t**o**p

/ə/ **a**go / p**o**lice

発音はどうでしたか？

☑ Check!!

☐ Good! ☺
☐ So-So ☺
☐ Not good... ☹

Step 3 | **Articulation** | 実践練習

1. 調音

A. 目標音をリズムに合わせて練習してみましょう。

12-01
🔊

/æ/ /æ/ /æ/ /æ/ / /ɑ/ /ɑ/ /ɑ/ /ɑ/ /ɑ/ /ɑ/
/ɑ/ /ɑ/ / /ə/ /ə/ /ə/ /ə/ / /ə/ /ə/ /ə/ /ə/ /æ/
/æ/ /ɑ/ /ɑ/ / /ə/ /ə/ /ə/ /ə/ / /æ/

B. 早口言葉に挑戦してみましょう。
　5回すらすらと言えるようになるまで練習しましょう。

12-02
🔊

01

Swan sw<u>a</u>m ov<u>e</u>r th<u>e</u> sea. Swim, swan, swim!

白鳥が海の上を泳いでいた。泳いで、白鳥、泳いで！

___ .../æ/　　___ .../ɑ/　　= .../ə/

<table>
<tr><td>02
–</td><td>## A big black bug bit a big black bear!
大きな黒い虫が大きな黒い熊を噛んだ！</td></tr>
</table>

<table>
<tr><td>03
–</td><td>## Can you can a can as a canner can can a can?
缶詰め業者が缶詰を缶詰にすることができるように、あなたは缶詰を缶詰に
することができますか？

＊米語強形の発音で示しています。文レベルでは /æ/ は /ə/ に変わって発音されることが多くあります。</td></tr>
</table>

— …/æ/　　‒‒‒‒ …/ɑ/　　═ …/ə/

早口言葉（03）で実際に早口で発音されている時、can は、強形の /kˋæn/ ではなく、弱形の /k(ə)n/ や /kn/ と発音されています。モデル音を何度も声に出して練習し、文字を見ずに言えるくらいになると自然に理屈を考えずに強形・弱形で発音できていることに気づくと思います。

英語の「強形」と「弱形」の発音 ━━━━━━━━━━━━━━━━━━━━━━━

　英語の単語は、発音的側面から「強形」と「弱形」の 2 通りに分けられます。文章の中で意味的に大事な部分は強く発音し（強形）、相対的にそれほど大事でない部分は弱く発音します（弱形）。英語の単語の中でも、意味よりも文法的な機能の要素を強く持つ、機能語である、be 動詞、接続詞、冠詞、前置詞、人称代名詞などが「弱形」（アクセントが置かれない弱く曖昧な発音）になることが多くあります。英単語の学習する場合「強形」を標準的な単語の発音として身に付けることが優先されますが、実際の会話では「弱形」がよく使われます。

- -

2．聞き取り

A. 目標音が含まれる単語（1 〜 12）、語句（13 〜 16）、文（17 〜 22）が流れます。自分のペースで、納得のいくまで何度も聞いて書き取ってみましょう。

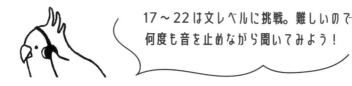

17〜22は文レベルに挑戦。難しいので何度も音を止めながら聞いてみよう！

/æ/

1		2		3	
4		5		6	
7		8		9	
10		11		12	
13			14		
15			16		
17					
18					
19					
20					
21					
22					

（⇒正解は 123 ページの Level 1（単語）、Level 2（語句）、Level 3（文）を参照）

/ɑ/

1		2		3	
4		5		6	
7		8		9	
10		11		12	
13			14		
15			16		
17					

18	
19	
20	
21	
22	

（⇒正解は 124 ページの Level 1（単語）、Level 2（語句）、Level 3（文）を参照）

/ə/

1		2		3	
4		5		6	
7		8		9	
10		11		12	
13		14			
15		16			
17					
18					
19					
20					
21					
22					

（⇒正解は 125 ページの Level 1（単語）、Level 2（語句）、Level 3（文）を参照）

B. 聞き取った単語と語句の目標音に注意しながらビートに合わせて発音し
てみましょう。

| Step 4 | Performance |

自動音声認識演習

自動音声認識を使用し、自主練習をしましょう。認識された単語には〇や下線などの印をつけ、認識されない単語は、Step2 で発音方法を確認し 3 回以上挑戦してみましょう。これまでに練習してきた他の音の発音に注意を向けることもお忘れなく。発音するときは、モデル音も参考にして音のイメージを頭で作ってから発音すると認識されやすくなります。 誤認識されている部分も参考に改善点を自己分析しましょう。

/æ/

| Level 1 | ★ ☆ ☆ |

12-07

apple   actor   aunt   ash   hat   cap

bat   bad   have   land   family   Japan

| Level 2 | ★ ★ ☆ |

tap water   tax free   big gap   sea glass

| Level 3 | ★ ★ ★ |

Jack sat on the cans.   Allen scratched his back.

The man is carrying a bat.   Alex asks you to come at nine.

Dan patted the cats and rabbits.

My dad added gas at the station.

Day12

/a/

> **Level 1** | ★ ☆ ☆

dog	pot	hop	God	frog
pond	doctor	sorry	offer	stock
holiday	honesty			

> **Level 2** | ★ ★ ☆

body guard   copy shop

chocolate box   quality and quantity

> **Level 3** | ★ ★ ★

Bob attends a college of art.

It is impossible to stop him.

Do not believe the gossip.

Knowledge is your power.

Buying with cash is an option.

The top of the mountain is not hot.

/ə/

> Level 1 | ★ ☆ ☆

🔊

a̲go   sof̲a   sod̲a   dat̲a   a̲ccount

a̲bout   offi̲cial   o̲pini̲on   ani̲mal   possi̲ble̲

co̲ntrol   ma̲chine

> Level 2 | ★ ★ ☆

the̲ dat̲a a̲nalysis   the̲ mira̲cle ma̲chine

wat̲er or sod̲a   lettu̲ce and oni̲ons

> Level 3 | ★ ★ ★

Is it possi̲ble̲?

She knows all a̲bout ani̲ma̲ls.

This sof̲a is made in J̲apan.

The̲ capt̲ain loves ba̲nan̲a yog̲urt.

Paul̲a and Emi̲ly are my fath̲er's co̲usi̲ns.

A̲ long time a̲go, I spilled sod̲a on the̲ sof̲a.

Day12

自動音声認識を使用し、次の6つの単語の発音を再確認してみましょう。　12-10
気になる単語があれば新しい単語を追加して挑戦してみましょう。　◁))

発音単語		1回目	2回目	3回目	認識回数	認識初回
01 h<u>a</u>t	○×				□回	□回目
	誤認識語					
	コメント					
02 h<u>a</u>ve	○×				□回	□回目
	誤認識語					
	コメント					
03 h<u>o</u>p	○×				□回	□回目
	誤認識語					
	コメント					
04 qu<u>a</u>lity	○×				□回	□回目
	誤認識語					
	コメント					
05 <u>a</u>go	○×				□回	□回目
	誤認識語					
	コメント					
06 <u>a</u>n<u>i</u>mal	○×				□回	□回目
	誤認識語					
	コメント					

07	○ ✕			
	誤認識語			
	コメント			
08	○ ✕			
	誤認識語			
	コメント			
09	○ ✕			
	誤認識語			
	コメント			
10	○ ✕			
	誤認識語			
	コメント			

07 ☐回 ☐回目
08 ☐回 ☐回目
09 ☐回 ☐回目
10 ☐回 ☐回目

○の合計を
書きましょう

Post-self-check ┃ 計　　回中　　回認識　　月　　日

Pre-self-check ┃ 計 **18** 回中　　回認識　　月　　日　(Step 1 pp.114-115)

Pre-self-check の結果と比較して、今回の結果を自己分析してみましょう。

Coffee Break 6

通じないあるある②・チャンツ②

1. 通じないあるある②

　Coffee Break1 では、通じないあるある①と題して、発音にまつわるミスコミュニケーションの経験をみなさんと共有しました。今回は、下の3つの場面で発音にまつわるミスコミュニケーションがどうして起きているのか考えてみましょう。これまでの練習で個々の発音の方法が分かるみなさんは、ミスコミュニケーションの理由がきっと分かると思います。どのように発音を修正をするといいでしょうか。

- -

場面1

初めての海外、イタリアへ。飛行機に乗るのも初めて。客室乗務員の方に、食後の飲み物を聞かれたので、コーヒーを頼んだ。でも受け取ったのは、冷たいコーラ。食後にコーラって、私にはありえない。というか私、炭酸飲料飲めないし！

場面2

カナダの高校に研修旅行に行った。カフェテリアで、女の子に「ここに座ってもいいですか？」と聞いたら、ものすごく笑われた。

場面3

ホームステイ先のお母さんに、お風呂はいっていい？と聞いたら、"Where do you want to go?" って聞き返された。

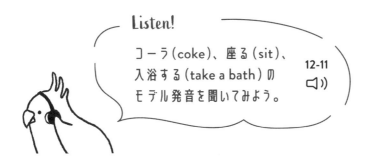

Listen!

コーラ (coke)、座る (sit)、
入浴する (take a bath) の
モデル発音を聞いてみよう。

12-11
◁))

2. チャンツ ②

　今回はもう 1 つチャンツで発音練習をしましょう。すらすら言えるようになるまで
10 回以上練習しましょう。リズムにのって言えるようになった時には、自然に英語の
リズムが身に付いています。机などをたたいて、リズムを刻みながら練習してみま
しょう。

Peter Piper

12-12
◁))

- -

Peter Piper picked a peck of pickled peppers.

A peck of pickled peppers Peter Piper picked.

If Peter Piper picked a peck of pickled peppers,

where's the peck of pickled peppers Peter Piper picked?

- -

ピーターパイパーは 1 ペックの酢づけのとうがらしをつまんだ。
ピーターパイパーがつまんだ酢づけのとうがらし。
もしピーターパイパーが 1 ペックの酢づけのとうがらしをつまんだとしたら、
その 1 ペックの酢づけのとうがらしはどこへいったの？

Day 13 2つの音、続けて滑らかに ①

Today's Target Sound 🔍 /ei/

今日練習する音は /ei/ です。

この音は、"eight" "game" "pay day" に使われている音です。

| Step 1 | Pre-self-check | 練習前確認 |

自動音声認識を使用し、次の 6 つの単語を事前確認してみましょう。

発音単語		1回目	2回目	3回目	認識回数	認識初回
01 **eight**	〇 ✕					
	誤認識語				回	回目
	コメント					
02 **April**	〇 ✕					
	誤認識語				回	回目
	コメント					
03 **eighty**	〇 ✕					
	誤認識語				回	回目
	コメント					
04 **May**	〇 ✕					
	誤認識語				回	回目
	コメント					

05 - - - - - c<u>a</u>ke	◯ ✕				□回 □回目
	誤認識語				
	コメント				
06 - - - - - pl<u>ai</u>n	◯ ✕				□回 □回目
	誤認識語				
	コメント				

◯の合計を
書きましょう

Pre-self-check ┃ 計 **18** 回中　　　回認識　　　月　　　日

Pre-self-check の結果はどうでしたか。自己分析をしてみましょう。

Day13

発音モデル動画

今日は二重母音（diphthong）を練習します。

二重母音は、<u>2つの異なる母音がセットとして1つの母音として扱われている音</u>のことです。初めの音を「第一要素」、2つ目を「第二要素」と呼ぶことにします。2つの母音を連続して発音するのではなく、とぎれなく、なめらかに第二要素に移動します。

＜音のイメージ＞

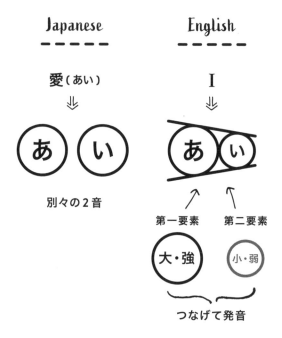

/ei/

この二重母音は、"<u>a</u>ngel" "w<u>ai</u>t" "p<u>ay</u>" などに用いられる音です。
第一要素が /e/、第二要素が /i/ です。

発 音 方 法

01　/e/ の口の形を作ります。

02　/e/ から /i/ へと流れるようにつないで発音します。
　　（/e/ の音をしっかりと発音し、/i/ の音は添える程度です。）

01 第一要素の母音 /e/ を第二要素の母音 /i/ より **強く**、**長く** 発音します。

02 第二要素の /i/ を日本語のはっきりとした「イ」にしないようにしましょう。

03 日本語の「エ・イ」「エー」とは違う音です。「**エ〜イ**」のイメージです。

Check!! /ei/ の発音のコツがつかめると、他の二重母音、例えば、/ai/、"I" や "rice" の発音にも応用できます。

自己評価！

鏡やスマートフォンのカメラを使い、今日の目標音をセルフチェックしてみましょう。モデル動画と比べ、唇、舌、歯などの調音器官の動き方と音はいかがですか？

Read aloud

/ei/　angel / wait / pay

発音方法の説明、モデル動画や音声を参考に、同じ音が出せるように練習してみましょう！

発音はどうでしたか？

☑ Check!!

- ☐ Good! ☺
- ☐ So-So 😐
- ☐ Not good... ☹

Day13

1. 調音

A. 目標音をリズムに合わせて練習してみましょう。

13-01 🔊

/ei/ /ei/ /ei/ /ei/ / /ei/ /ei/ /ei/ /ei/ /ei/ /ei/

/ei/ /ei/ / /ei/ /ei/ /ei/ /ei/ / /ei/ /ei/ /ei/ /ei/

/ei/ /ei/ /ei/ /ei/ / /ei/ /ei/ /ei/ /ei/ / /ei/

B. 早口言葉に挑戦してみましょう。
5回すらすらと言えるようになるまで練習しましょう。

13-02 🔊

I ate eight eggs at eight.

私は8時に卵を8個食べた。

＊ate ＝アメリカ英語発音

2. 聞き取り

A. 目標音が含まれる単語（1 〜 16）と語句（17 〜 22）が流れます。
自分のペースで、納得のいくまで何度も聞いて書きとってみましょう。

13-03 🔊

1		2		3	
4		5		6	
7		8		9	
10		11		12	
13		14		15	

16			
17		18	
19		20	
21		22	

（⇒正解は次ページの Level 1（単語）と Level 2（語句）を参照）

B. 聞き取った単語と語句の目標音に注意しながらビートに合わせて発音し
てみましょう。

13-04
◁))

World Englishes〈世界の英語たち〉 _ _ _ _ _ _ _ _ _ _ _ _ _ _

　本書の中で「アメリカ英語発音」という表現を使っていることにどうしてかなと
思っている方々がいらっしゃるかもしれません。

　World Englishes〈世界の英語たち〉という考え方を聞いたことがありますか。イギ
リス・アメリカなどの英語母語話者を唯一のモデルとするのではなく、英語を世界共
通語としてとらえ、その多様性を尊重して学び、使おうという考え方です。英語はア
メリカ人やイギリス人のものであり、彼らの文化を背景としたことばであるという考
え方の対極にある考え方です。

　英語の発音も、国や地域、使用する人の生活環境や個人の性格や使用の場によりか
なりの違いが見られます。母音や子音の発音もアクセントもイントネーションも、そ
ういったバラエティーが見られることがことばの面白さなのです。本書の教材音声は
みなさんが英語の授業で触れてきてなじみのあるアメリカ英語で収録しましたが、そ
れでもそのバラエティーが反映されています。

　ひょっとしたらみなさんの中にはネイティブのように英語を話そうと目標を立てて
いる方もいるかもしれません。でも、実際の英語使用の場は近年世界中で大きく変化
しています。ネイティブのような英語の流暢さや言い回しよりも、相互のコミュニ
ケーションがしっかりと取れる英語が重視されるようになってきています。ですから
英語を学ぶにあたっては、ネイティブをモデルとする完璧さを目指すより、たくさん
声に出して、思いが通じるコミュニケーション経験を積み重ねましょう。本書で通じ
るレベルの英語発音を身に付け、みなさん自身の個性をもった「私の英語」を身に付
け、自信をもって英語を使えるように。

Day13

自動音声認識を使用し、自主練習をしましょう。認識された単語には○や下線などの印をつけ、認識されない単語は、Step2で発音方法を確認し3回以上挑戦してみましょう。これまでに練習してきた他の音の発音に注意を向けることもお忘れなく。発音するときは、モデル音も参考にして音のイメージを頭で作ってから発音すると認識されやすくなります。誤認識されている部分も参考に改善点を自己分析しましょう。

/ei/

Level 1 | ★☆☆

13-05

may　　pay　　say　　they　　rain

Spain　　plane　　game　　make　　face

pace　　case　　cake　　wait　　mate

straight

Level 2 | ★★☆

great day　　pay day　　name plate

April and May　　bake a cake　　take an elevator

Level 3 | ★★★

Have a great day!　　Today is payday.

Baseball games start in April.

Go straight and take an elevator.

My birthday is May eighth, nineteen eighty-eight.

自動音声認識を使用し、次の6つの単語の発音を再確認してみましょう。　13-06
気になる単語があれば新しい単語を追加して挑戦してみましょう。　◁))

発音単語		1回目	2回目	3回目	認識回数	認識初回
01 e<u>i</u>ght	○ ×				□回	□回目
	誤認識語					
	コメント					
02 <u>A</u>pril	○ ×				□回	□回目
	誤認識語					
	コメント					
03 e<u>i</u>ghty	○ ×				□回	□回目
	誤認識語					
	コメント					
04 M<u>ay</u>	○ ×				□回	□回目
	誤認識語					
	コメント					
05 c<u>a</u>ke	○ ×				□回	□回目
	誤認識語					
	コメント					
06 pl<u>ai</u>n	○ ×				□回	□回目
	誤認識語					
	コメント					

07 -----	○ ×			
	誤認識語			
-----	コメント			

□ 回　□ 回目

08 -----	○ ×			
	誤認識語			
-----	コメント			

□ 回　□ 回目

09 -----	○ ×			
	誤認識語			
-----	コメント			

□ 回　□ 回目

10 -----	○ ×			
	誤認識語			
-----	コメント			

□ 回　□ 回目

○の合計を
書きましょう

Post-self-check ┃ 計　　回中　　回認識　　月　　日

Pre-self-check ┃ 計 18 回中　　回認識　　月　　日　(Step 1 pp.130-131)

Pre-self-check の結果と比較して、今回の結果を自己分析してみましょう。 ✎

たくさん練習してきたね！

これまで練習してきた音も忘れずに
注意して発音してみよう。
子音、/r/、/l/、/w/、/f/、/v/、/θ/、/ð/、
/s/、/z/、/ʃ/、/p/、/b/、/t/、/d/、/k/、/g/、
母音、/æ/、/ɑ/、/ə/、/ei/。

あとのこりもう少しだよ〜。一緒にガンバロウ！

2つの音、続けて滑らかに ②

Today's Target Sounds /iər/ /ɛər/ /uər/

今日練習する音は3音、/iər/ /ɛər/ /uər/ です。
これらの音は、"ear" "air" "poor" に使われている音です。

| Step 1 | Pre-self-check |

練習前確認

自動音声認識を使用し、次の6つの単語を事前確認してみましょう。

発音単語		1回目	2回目	3回目	認識回数	認識初回
01 **ear**	○×				回	回目
	誤認識語					
	コメント					
02 **air**	○×				回	回目
	誤認識語					
	コメント					
03 **tour**	○×				回	回目
	誤認識語					
	コメント					
04 **tear**	○×				回	回目
	誤認識語					
	コメント					

05 - - - - -	○ ×				
r<u>are</u>	誤認識語				
- - - - - -	コメント				
06 - - - - -	○ ×				
c<u>ure</u>	誤認識語				
- - - - - -	コメント				

□ 回 □ 回目

○の合計を
書きましょう

Pre-self-check ┃ 計 **18** 回中　　　回認識　　　月　　　日

Pre-self-check の結果はどうでしたか。自己分析をしてみましょう。 🖊

今日は二重母音（diphthong）に /r/ のついた
母音を練習します。

二重母音は、Day13 で学習したとおり、異なる母音がセットとして１つの母音として
扱われる音のことです。初めの音を第一要素、２つ目を第二要素と呼びます。２つの
母音を連続して発音するのではなく、とぎれなくなめらかに第二要素に移動します。

/iər/　/ɛər/　/uər/

これらは "ear" "hear" "airport" "cashier" "sure" "insurance" などに用いられる音で
す。/r/ のついた母音です。

発音方法 ------------------------

01 /i/、/ɛ/、/u/ の口の形を作ります。（日本語の「イ」「エ」「ウ」の口の
形と音でも通じますので「イ」「エ」「ウ」を用いて練習します。）

02 /i/、/ɛ/、/u/ から /ə/ へと流れるようにつなぎ、徐々に舌を立て /r/ を
発音します。

{ POINT }

01 日本語の「イアー」「イヤー」、「エアー」「エヤー」、「ウアー」とは違
う音です。「**イア〜**」、「**エア〜**」、「**ウア〜**」のイメージです。最後に舌
を立てて /r/ を付けます。

02 Day2 で練習した /r/ をマスターしていると難しい音ではありません。

自己評価！

鏡やスマートフォンのカメラを使い、今日の目標音をセルフチェックしてみましょう。
モデル動画と比べ、唇、舌、歯などの調音器官の動き方と音はいかがですか？

Read aloud

発音方法の説明、モデル動画や音声を参考に、同じ音が出せるように練習してみましょう！

/iər/　h**ear** / **ear** / cash**ier**

/ɛər/　**air** / c**are**

/uər/　s**ure** / ins**u**rance

発音はどうでしたか？

↳ Check!! ⤳

- ☐ Good! ☺
- ☐ So-So 😐
- ☐ Not good... ☹

| **Step 3** | **Articulation** | 実践練習 |

1. 調音

A. 目標音をリズムに合わせて練習してみましょう。

14-01 ◁))

> /ɛər/ /iər/ /ɛər/ /uər/ / /ɛər/ /iər/ /ɛər/ /uər/
> /uər/ /ɛər/ /iər/ /iər/ / /ɛər/ /ɛər/ /uər/ /iər/ /
> /ɛər/ /uər/ /ɛər/ /iər/ /ɛər/ /uər/ /uər/ /ɛər/ /
> /ɛər/ /uər/ /iər/ /ɛər/ / /iər/

Day14

B. 早口言葉に挑戦してみましょう。 🔊

5回すらすらと言えるようになるまで練習しましょう。

Their rare deer appeared near here.

彼らの珍しい鹿がこの近くに現れた。

___ ... /iər/　　⎽⎽⎽ ... /ɛər/

2. 聞き取り

A. 目標音が含まれる単語（1 〜 16）と語句（17 〜 22）が流れます。 14-03

自分のペースで、納得のいくまで何度も聞いて書きとってみましょう。 🔊

1		2		3	
4		5		6	
7		8		9	
10		11		12	
13		14		15	
16					
17			18		
19			20		
21			22		

（⇒正解は右ページの Level 1（単語）と Level 2（語句）を参照）

B. 聞き取った単語と語句の目標音に注意しながらビートに合わせて発音し 14-04

てみましょう。 🔊

自動音声認識演習

自動音声認識を使用し、自主練習をしましょう。認識された単語には〇や下線などの印をつけ、認識されない単語は、Step2で発音方法を確認し3回以上挑戦してみましょう。これまでに練習してきた他の音の発音に注意を向けることもお忘れなく。発音するときは、<u>モデル音も参考にして音のイメージを頭で作ってから発音すると認識されやすくなります</u>。誤認識されている部分も参考に改善点を自己分析しましょう。

/iər/ /εər/ /uər/   ___ ... /iər/   ___ ... /εər/ ___ ... /uər/

| Level 1 | ★☆☆ |

14-05
🔊

ear   dear   here   near   air

chair   hair   their   poor   tour

sure   cure   fear   fair   tear

wear

| Level 2 | ★★☆ |

your beer   their bear   rare deer

pure soul   the curious engineer   the chair disappeared

| Level 3 | ★★★ |

Their bear was here.

A rare chair was sold at the fair near here.

Sure, I want to join a bear viewing tour.

Day14

自動音声認識を使用し、次の6つの単語の発音を再確認してみましょう。　14-06
気になる単語があれば新しい単語を追加して挑戦してみましょう。　🔊

発音単語		1回目	2回目	3回目	認識回数	認識初回
01 **ear**	〇×					
	誤認識語				回	回目
	コメント					
02 **air**	〇×					
	誤認識語				回	回目
	コメント					
03 **tour**	〇×					
	誤認識語				回	回目
	コメント					
04 **tear**	〇×					
	誤認識語				回	回目
	コメント					
05 **rare**	〇×					
	誤認識語				回	回目
	コメント					
06 **cure**	〇×					
	誤認識語				回	回目
	コメント					

	○ ×			
07	誤認識語			
	コメント			
	○ ×			
08	誤認識語			
	コメント			
	○ ×			
09	誤認識語			
	コメント			
	○ ×			
10	誤認識語			
	コメント			

□ 回　□ 回目

○の合計を
書きましょう

Post-self-check ｜ 計　　回中　　回認識　　月　　日

Pre-self-check ｜ 計 **18** 回中　　回認識　　月　　日 (Step 1 pp.140-141)

Pre-self-check の結果と比較して、今回の結果を自己分析してみましょう。

Day 15 | 練習の成果を感じよう

お疲れさまでした！ ここまでよく頑張りました。Day15 では、ここまでの練習の成果の確認をします。活動の内容方法は Day1 と同じです。

録音（事後）

発音時の口の形を、録音と録画の機能を使用して記録します。
録音・録画したファイルは保存しておきましょう。

録音・録画 1　　20音を 1 秒間隔で、ゆっくり読み上げましょう。　　15-01 🔊

1 sec

sha	za	fa	va	tha (<u>th</u>is の th)
la	tha (<u>th</u>anks の th)	fa	va	za
wa	la	sa	ra	tha (<u>th</u>anks の th)
sa	sha	ra	wa	tha (<u>th</u>is の th)

録音・録画 2　　1 つの英単語を続けて 2 回ずつ、　　15-02 🔊
1 秒間隔で読み上げましょう。

1 sec

right ×2 (右)	locker (ロッカー)	first (第一の)	vanilla (バニラ)	think (思う)
thirteen (13)	they (彼ら)	sit (座る)	cut (切る)	ash (灰)
rabbit (うさぎ)	theater (劇場)	white (白)	fruit (果物)	real (本物の)

148

surfing
（波乗り）

dog
（犬）

hot dog
（ホットドック）

girl
（女の子）

power
（力）

weather
（天気）

battery
（電池）

volunteer
（ボランティア）

city
（街）

world
（世界）

録音・録画 3 　最後は、パッセージの読み上げです。これまでに練習した　　**15-03**
下線部に注意しながら、ゆっくり読み上げてみましょう。　🔊

I like traveling and communicating in English, but sometimes I notice that people do not understand my pronunciation. Last year, I went to the United States. On the airplane, a flight attendant asked me what beverage I would like after the meal. I said, "Coffee, please." What I received was a coke! Then, after I ordered vanilla ice cream at a shop, I was asked three times, "Which one?" "What? Banana?" So, I decided to practice my pronunciation.

This textbook is fun and I can check my pronunciation using a smartphone. Let's see… "Play and pray?" "Fly and fry?" Oh, there is a section with tongue twisters! What's that!? "She sells seashells down by the seashore." "Can you can a can as a canner can can a can?"

Once I finish this book, I would like to be able to say confidently, "Now I can do it!" This is my goal.

最後の仕上げ！

何回も音を聞いて真似していたらモデル音に近くなってきた！
自分の発音を聞くのははずかしいけどモニターして自己分析すると
できていないところや気になるところが分かるようになってる！！

すごいぞ！！Day1と全然違う！

Day15

Post-self-check　練習効果確認

A. 次の10単語の発音を自動音声認識を使用し確認してみましょう。　**15-04**

　練習後のまとめの活動です。練習の成果を発揮しましょう。　◁))

発音単語		1回目	2回目	3回目	認識回数	認識初回
01 **right**	○×					
	誤認識語				□回	□回目
	コメント					
02 **locker**	○×					
	誤認識語				□回	□回目
	コメント					
03 **first**	○×					
	誤認識語				□回	□回目
	コメント					
04 **vanilla**	○×					
	誤認識語				□回	□回目
	コメント					
05 **think**	○×					
	誤認識語				□回	□回目
	コメント					
06 **thirteen**	○×					
	誤認識語				□回	□回目
	コメント					

07 ----- **th<u>ey</u>** -----	○ ✕			
	誤認識語			
	コメント			

□ 回　□ 回目

08 ----- **s<u>i</u>t** -----	○ ✕			
	誤認識語			
	コメント			

□ 回　□ 回目

09 ----- **c<u>u</u>t** -----	○ ✕			
	誤認識語			
	コメント			

□ 回　□ 回目

10 ----- **<u>a</u>sh** -----	○ ✕			
	誤認識語			
	コメント			

□ 回　□ 回目

○の合計を
書きましょう

Post-self-check ｜ 計 **30** 回中 　　回認識　　月　　日

Pre-self-check ｜ 計 **30** 回中 　　回認識　　月　　日　(Day1 pp.12-13)

Day15

B. 練習後の発音確認はいかがでしたか。練習を終えた段階で、今の思いを活動の記録
として残しておきましょう。初回・中間と比較して、心境の変化はありましたか。

Self-check sheet　　月　　日	全く当てはまらない	当てはまらない	どちらともいえない	その通り	まったくその通り
01　発音の練習や発音確認に一生懸命取り組みたい	☐	☐	☐	☐	☐
02　発音練習に対する意識が高い	☐	☐	☐	☐	☐
03　発音練習に対する興味・関心が高い	☐	☐	☐	☐	☐
04　発音練習は楽しい	☐	☐	☐	☐	☐
05　英語の発音は難しい	☐	☐	☐	☐	☐
06　自分の予想よりも自分の発音を認識してもらえる	☐	☐	☐	☐	☐
07　自動音声認識してもらえたときはうれしい	☐	☐	☐	☐	☐
08　自動音声認識してもらえなかったときは自信をなくす	☐	☐	☐	☐	☐
09　自動音声認識を用いた発音確認は便利である	☐	☐	☐	☐	☐
10　自動音声認識を用いた発音練習は効果的である	☐	☐	☐	☐	☐
11　自動音声認識を用いた発音練習は楽しい	☐	☐	☐	☐	☐
12　自動音声誤認識語を分析し、どの発音を練習すると認識されるかが分かる	☐	☐	☐	☐	☐
13　認識してもらえる発音を身に付けたい	☐	☐	☐	☐	☐
14　英語の発音は練習すれば通じる	☐	☐	☐	☐	☐
15　発音認識率を高めるための、発音の練習方法が分かる	☐	☐	☐	☐	☐

C. 活動の振り返りと今後へ向けての感想を自由に記述してください。　　　　📝

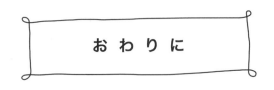

おわりに

本書で発音練習をしたみなさんへ

　自動音声認識を使った英語の発音練習はいかがでしたか。みなさん、こ
こまでよく頑張りました！　大変お疲れさまでした。

　Day1 からみなさんがとってきた記録の１つ１つを見返すだけでも、
きっと達成感があると思います。

　ここまでがんばって発音と向き合って練習してきたみなさんには、すで
に実際のコミュニケーション場面で意思疎通がうまくいかなかったときに、
その場を乗り切るための２つの力が身に付いているはずです。それが、本
書で獲得を目指してきたセルフモニター力（自分で自分の発音を分析し、
意思疎通を阻害している音を突き止める技術）と、セルフリペアー力（そ
の音を自分で修正できる技術）です。

　ぜひ今後も、どんどん英語でのコミュニケーションの機会を増やして、
英語の通じるうれしさをお楽しみください。そしてもし、実際のコミュニ
ケーションで困ったときには、ぜひこの学習帳で練習した内容を思い出し、
応用してみてくださいね。

　Now I can do it! と感じていただけたことを期待して。

Wishing you all the best!

※本書の出版にあたり、日本学術振興会科学研究費助成事業 若手研究「学習者の情意面の向上的変容を目的とした英語発音教材の開発」（課題番号 JP20K13114、2020年4月–2024年3月）の助成を受けました。感謝申しあげます。

解答

Day5 復習1 (Day 2 - Day 4) –

p.44 **A.** /r/ (c)　/l/ (d)　/w/ (f)

p.45 **B.** **1.** /r/ (D)　例) 1. radio　　2. park　　3. car

　　　 2. /l/ (B)　例) 1. listen　　2. collect　　3. wall

　　　 3. /w/ (E)　例) 1. water　　2. twin　　3. question

Coffee Break 2 –

p.47 **A.**

　　 1. B (rate)　　 **2.** A (light)　　 **3.** B (river)　　 **4.** B (raw)

　　 5. A (glass)　 **6.** B (correct)　 **7.** A (fly)　　 **8.** B (pray)

　　 (訳) 1. A (形) 遅い / B (名) 割合　　2. A (形) 軽い / B (形) 正しい　　3. A (名) 肝臓 / B
　　 (名) 川　　4. A (名) 法律 / B (形) 生の　　5. A (名) ガラス / B (名) 草　　6. A (動)
　　 集める / B (動) 訂正する　　7. A (動) 飛ぶ / B (動) 揚げる　　8. A (動) 遊ぶ / B (動)
　　 祈る

p.48 **B.**

　　 1. B (berry)　 **2.** A (best)　　 **3.** B (veer)　　 **4.** A (vet)

　　 5. A (lib)　　 **6.** B (valet)　 **7.** B (base)　　 **8.** B (vote)

　　 (訳) 1. A (形) とても / B (名) ベリー (類)　　2. A (形) 最もよい / B (名) ベスト、チョッキ
　　 3. A (名) ビール / B (名) 方向転換、進路転換　　4. A (名) 獣医 (veterinarian の略) /
　　 B (動) 賭ける、きっと～だと断言する　 5. A (名) 解放運動 (liberation の略) / B (動) 住む
　　 6. A (名) バレー、舞踊劇 / B (名) 駐車係　　7. A (名) 花瓶 / B (名) 基礎、塁、基地
　　 8. A (名) ボート、船 / B (動) 投票する

p.49 **C.**

　　 1. A (sip)　　 **2.** A (self)　　 **3.** B (seat)　　 **4.** A (sip)

　　 5. B (thank)　 **6.** A (worth)　 **7.** B (clothe)　 **8.** B (breathe)

（訳）　1. A（動）〜を一口飲む、すする / B（動）郵送する、発送する　　2. A（名）自身 / B（名）棚　　3. A（名）シーツ / B（名）席　　4. A（動）〜を一口飲む、すする / B（動）〜をチャックで絞める　　5. A（動）沈んだ / B（動）感謝する　　6. A（形）〜の価値があって / B（形）悪化して　　7. A（動）閉める / B（名）服　　8. A（名）そよ風 / B（動）呼吸する

p.51　Seashells

1. sells　　**2.** by　　**3.** real　　**4.** they　　**5.** that

6. seashore　　**7.** shells　　**8.** egg　　**9.** turtle　　**10.** Rachelle

（訳）　彼女は海岸で貝殻を売っている。
彼女は海岸で貝殻を売っている。
これらは本当の貝殻ですか？　はい、そうです。
きれいだよね？　きれいだよね？
彼女は海岸で貝殻を売っている。
彼女は海岸で貝殻を売っている。
パイのクラスト、卵の殻、木の実の殻、亀の甲羅。
ラシェルは海岸で貝殻を売っている。

p.52　Real Lemons

1. real　　**2.** sour　　**3.** very　　**4.** all　　**5.** look

6. that　　**7.** one　　**8.** matter　　**9.** 'Cause　　**10.** like

（訳）　レモン、レモン、本物の酸っぱいレモン
レモン、レモン、とっても酸っぱいレモン
それらは全部本物に見えるけど、いくつかは偽物。
それらは全部本物に見えるけど、いくつかは偽物。
私はこっちが本物で、あっちが偽物だと思う。
私はこっちが本物で、あっちが偽物だと思う。
こっちが本物よ。いや、違うよ。
あっちが本物よ。いや、違うよ。
そんなことどっちでもいいよ。そんなことどっちでもいいよ。
だって私本当に本当に本当にレモンが好きじゃないんだもん。
そうなんだ。

Day8

p.77

I like traveling and communicating in English, but sometimes I notice that people do not understand my pronunciation. Last year, I went to the United States. On the airplane, a flight attendant asked me what beverage I would like after the meal. I said, "Coffee, please." What I received was a coke! Then, after I ordered vanilla ice cream at a shop, I was asked three times, "Which one?" "What? Banana?" So, I decided to practice my pronunciation.

This textbook is fun and I can check my pronunciation using a smartphone. Let's see... "Play and pray?" "Fly and fry?" Oh, there is a section with tongue twisters! What's that!? "She sells seashells down by the seashore." "Can you can a can as a canner can can a can?"

Once I finish this book, I would like to be able to say confidently, "Now I can do it!" This is my goal.

Coffee Break 4

p.93 **A.**

① Segmental features   ② Suprasegmental features   ③ Vowels

④ Consonants   ⑤ Stress   ⑥ Intonation

1. 分節音   **2.** 超分節音   **3.** 子音   **4.** ストレス   **5.** リズム   **6.** イントネーション

Day11

p.104 **A.** /r/(c)   /l/(d)   /w/(f)   /f/(a)   /v/(a)

/θ/(b)   /ð/(b)   /s/(e)   /z/(e)   /ʃ/(g)

p.105 **B. 1.** 発音記号 (/ð/)   例) 1. this   2. weather   3. these

2. 発音記号 (/z/)   例) 1. zip   2. is   3. has

3. 発音記号 (/ʃ/) 例) 1. ship 2. machine 3. mush

4. 発音記号 (/d/) 例) 1. dip 2. garden 3. pad

5. 発音記号 (/l/) 例) 1. last 2. mild 3. peel

6. 発音記号 (/k/) 例) 1. Ken 2. like 3. desk

7. 発音記号 (/r/) 例) 1. roof 2. fork 3. spider

8. 発音記号 (/w/) 例) 1. window 2. water 3. always

9. 発音記号 (/f/) 例) 1. food 2. coffee 3. proof

10. 発音記号 (/b/) 例) 1. best 2. Tabasco 3. cab

Coffee Break 5

p.109 **1A.**

Noun	Verb	Noun	Verb
1. récord	recórd	2. présent	presént
3. óbject	objéct	4. próduce	prodúce
5. áddress *米語発音	addréss	6. pérfect	perféct
7. próject	projéct	8. cóntract	contráct

p.109 **1B.**

1. cúrry 2. ómelet 3. máyonnaise 4. chócolate 5. múshroom

6. márshmallow 7. sándwich 8. túnnel 9. círcle 10. állergy
*米語発音

p.112 **3A. 1.** Yes **2.** Yes **3.** Yes **4.** Yes **5.** Yes

p.113 **3B. 1.** A. ↗ B. ↘ **2.** A. ↗ B. ↘ **3.** A. ↘ B. ↗

動画：Jenell A. Zamora (MA, CCC-SLP)
音声：Connor Thomas, Derek Lew, Jenell A. Zamora, Junko Chujo
英文校閲：Frances Thomas (M.Ed.)

【著者紹介】

中條純子（ちゅうじょうじゅんこ）

東京都市大学共通教育部外国語共通教育センター准教授、早稲田大学理工学術院非常勤講師、日本青少年海外研修研究会理事、人事院国家公務員採用一般職試験（大卒程度）（行政）試験専門員。京都橘女子大学文学部英語英文学科卒業後 California State University, Los Angeles, Charter College of Education で、Master of Arts in TESOL を取得。その後、金沢大学大学院人間社会環境研究科で博士（文学）を取得。専門は、第二言語習得、英語教育、教材開発。特に、フィールドワークを基にした学習者の情意面に配慮した英語教材の開発。近年は一斉授業における大学生の口頭コミュニケーション能力の開発に取り組んでいる。
著書：*An Affect-Oriented English Pronunciation Instructional Design for Japanese University Students*（ひつじ書房、2020）、『発音のしくみと会話の総合演習 Now I Got It! : A Fun Guide to English Pronunciation』（三修社、2017）。

音声認識で学べる英語発音学習帳
Learning English Pronunciation with Speech Recognition: A Fun Drill Book
Chujo Junko

発行　　　　　　2024 年 3 月 29 日　初版 1 刷
定価　　　　　　2000 円＋税
著者　　　　　　ⓒ 中條純子
発行者　　　　　松本功
ブックデザイン　村上真里奈
印刷・製本所　　株式会社 シナノ
発行所　　　　　株式会社 ひつじ書房
　　　　　　　　〒 112-0011 東京都文京区千石 2-1-2 大和ビル 2F
　　　　　　　　Tel.03-5319-4916　Fax.03-5319-4917
　　　　　　　　郵便振替 00120-8-142852
　　　　　　　　toiawase@hituzi.co.jp　http://www.hituzi.co.jp/

ISBN 978-4-8234-1228-8

〈刊行書籍のご案内〉

英語談話標識の姿

廣瀬浩三・松尾文子・西川眞由美著
定価 1,600 円＋税

話し手の発話意図を伝え、誤解なく理解するための鍵が談話標識。英語談話標識について用法を詳細に述べ全体像を明らかにする。談話標識の理解を深め話す人の「心」が見える。

カタカナ語からはじめる英語の発音

中西のりこ著
定価 1,600 円＋税

日常的なカタカナ語を例に、英語の発音を体系的に解説。音声変化やプロソディのしくみ、敬遠されがちな発音記号も分かりやすく説明し、おすすめの学習法を紹介する。

An Affect-Oriented English Pronunciation Instructional Design for Japanese University Students

中條純子著
定価 11,000 円＋税

日本人大学生の英語音声の向上を目的とした教育設計を提唱。特に学習者の情意領域に注目し、英語音声面への心理的障壁を取り除くことを重視した教材の開発についてを論じる。